南开大学博物馆藏品图录

西南联大时期民族调查文书卷

南开大学博物馆　编著

科 学 出 版 社

北 京

图书在版编目（CIP）数据

南开大学博物馆藏品图录. 西南联大时期民族调查文书卷 / 南开大学博物馆编
著. -- 北京 : 科学出版社, 2017.12
ISBN 978-7-03-056191-6

Ⅰ. ①南… Ⅱ. ①南… Ⅲ. ①南开大学 - 博物馆 - 文物 - 图录 ②西南联合大
学 - 民族调查 - 文物 - 图录 Ⅳ. ①K870.2②K874.02

中国版本图书馆CIP数据核字（2017）第321146号

责任编辑：张亚娜／责任印制：肖　兴
书籍设计：北京美光设计制版有限公司

科 学 出 版 社 出版

北京东黄城根北街16号
邮政编码：100717
http://www.sciencep.com

北京华联印刷有限公司 印刷

科学出版社发行　各地新华书店经销

＊

2017年12月第 一 版　　开本：889×1196　1/16
2017年12月第一次印刷　　印张：13 3/4
字数：378 000

定价：208.00元

（如有印装质量问题，我社负责调换）

编委会 ○

主　编	刘　毅		
编　委	刘　毅	刘　阳	梁金鹏　张婧文
	王　军	孙静姝	
撰　文	刘　阳	梁金鹏	
摄　影	梁金鹏	刘　阳	

衣冠流徙　诗书粲然

——《西南联大时期民族调查文书卷》序

十几年前，我到图书馆借阅全祖望的《鲒埼亭集》，好像是因为没有新版排印本，工作人员帮我找出了旧藏的《国学基本丛书》本。翻开扉页，两方收藏印章引起了我的注意，一方是方形汉字篆书"长沙临时大学图书馆"，另一方是椭圆形中英文"国立南开大学图书馆"。根据这两方印章可知，这套书的最初所有者是长沙临时大学，后来应该是因为三校复原而将其拨归到南开大学。

全谢山固然是清代文史皆精的大学者，但在仓促逃难立足未稳之际，长沙临时大学尚有"闲情余财"而购藏此书，现在想来真有些不可思议。卢沟桥事变后，京津相继沦陷，根据当时教育部的指令，北京大学、清华大学、南开大学三校师生到长沙集中，合组长沙临时大学，1937 年 11 月 1 日开课，1938 年 1 月 20 日决议迁往昆明。短短的 80 天时间，在战火纷飞、硝烟弥漫的背景下，图书馆采购《鲒埼亭集》这种与时局毫无关联的古籍，足以见证"弦歌不辍"绝非虚言。

到昆明后，临时大学于 1938 年 4 月 2 日更名为国立西南联合大学。提到西南联大，几乎众口一词，称颂为现代中国乃至世界教育史上的奇迹，高山仰止。余生也迟，不得近瞻群英风采，但尚有幸受教于西南联大培养出的学术前辈。我曾经听王玉哲先生（1913－2005）闲暇时讲述"步行团"的经历，身临其境地见识了"刚毅坚卓"的精神；这位谦逊豁达的老人或许就是在那次 3500 里特殊的旅行中，开始练就了"惯看秋月春风"的定力。黎国彬教授（1920－2003）退休后仍然为历史系研究生讲授专业英语课程，直到他驾鹤西去之前两个月的那个学年末。每位学生每周一次的翻译作业他都从头到尾逐字改过，有时甚至是满纸批红。面对黎先生批改的作业，我常常无地自容，一是因为自己努力不够，拖累年且古稀的老师劳神费力；二是作为教师而汗颜，我原以为自己执教认真尽责，但面对黎先生的批红，才明白什么是"春蚕到死丝方尽，蜡炬成灰泪始干"，才知道什么是教师的良心！因为旁听黎先生的课，逐渐和这位传说中开课最多、"真正杂家"的"冷面教授"熟悉了起来。对于黎先生的印象，也由不苟言笑须敬而远之，转变为既可敬也可亲的长者。在和黎先生的接触中，深切感受到了前辈学人的高贵人格和高尚情操。我知道黎先生曾经是联大时期南开大学"边疆人文研究室"的成员，是陶云逵教授组织的西南民族调查工作的骨干，但遗憾的是，一直没来得及就当年调查的细节向他请益。

南开大学博物馆所藏西南联大时期民族调查文书资料，是在抗日战争那个特定的历史背景下"边疆人文研究室"员工和有关单位共同进行民族调查等工作的部分原始材料（据黎国彬先生回忆，有些资料如石佛铁路沿线调查资料等整理后即交给铁路局），有些是因修筑公路、铁路等交通设施而做的调查工作，有些则是为了制定民族政策、开发边疆、巩固后方而做的备有关机构咨询的前期调查资料。边疆人文研究室的同仁们，在陶云逵教授的组织和带领下，做了大量艰苦、细致的工作，以文字、图画、照片等不同形式，记录了当时云贵川地区少数民族的生产、生活、语言以及体质人类学等事项，著录了原生态的地理环境和生存面貌，弥足珍贵。本馆选择其中的一部分精品公诸同好，用彰陶云逵、黎国彬等人的凿空之功，发皇西南联大的卓越精神；以见前哲之勤劬，以证斯文之在兹。

2007 年 7 月 7 日，我首次、也是迄今唯一一次到云南师范大学西南联大旧址参观。我是怀着朝圣的心情走进那个复原校门的，不仅仅因为那里曾经是南开大学落难时的寄居地，更是出于对前辈学人及其精神的敬畏。在那种艰苦落后的环境中，这样的一所学校，她的教授们仍然耕耘在自己的领域，闻一多可以论《天问》，刘文典可以《逍遥游》。她的青年师生可以是查良铮（穆旦），直接参加远征军为国驱寇（据《国立西南联合大学纪念碑》，抗战期间，西南联大先后有 832 名学生从军）；可以是黎国彬，为战争后勤和国家未来发展而艰辛探险；更可以是后来诸多大名鼎鼎的专家学者，继续勤勉肄修学业，徐图将来。文士报国自有道，毋须执戈尽从戎。做好本职工作同样也是爱国。在抗战的枪炮声中，南渡的衣冠们虽然曾经流徙不定，最终乃得稍安于昆明等地，尽管后来他们还要时常为稻粱谋，但穷且益坚，造次颠沛、不忘根本。那时的联大，诗书礼乐，粲然俱列；理工农商，诸科俱全。她所着眼的不仅仅是战时的生存和发展，更是战后的建国复兴，是昭告天下"不忘中原""抗战必胜"的身体力行！这是一种对华夏统绪万禩不绝的自信！这样一个民族怎么会甘心于敌寇的奴役？！这样一个国家怎么会被灭亡？！这正是联大精神。

将这些文书初步整理出来，奉现于读者面前，除了它们本身的学术价值外，也希望藉此知微见著，弘扬先哲精神，复兴中华文化。

南开大学博物馆馆长

刘毅

一、本图录所录文书均为南开大学博物馆现藏，为国立西南联合大学时期南开大学边疆人文研究室文书中有代表性者。

二、本图录内容分为图版与专论两部分。图版部分共收录文书 167 件（组），专论部分收录相关研究文章 2 篇。

三、本着尊重原始资料的原则，本图录文书的命名保留了原文书中使用的少数民族称谓，仅对含有歧视之意的"反犬"旁族名做人字旁处理；文书名称中加引号部分表示该部分文字直接引自文书原件；将文书原件中的异体字改为现今通行的正体字，将繁体字改为简体字。

四、本图录所标注的尺寸均为文书原件尺寸，部分图版经编辑处理后可能与文书原件的尺寸比例略有出入。

五、本图录的说明性文字除引自文书原件外，还参考了《联大岁月与边疆人文》《陶云逵研究文集》等文献。

西南联大时期民族调查文书卷

西南联大时期民族调查文书卷

西南联合大学文书资料

　　1937年，南开大学校园遭侵华日军炸毁，学校南迁，与北京大学、清华大学在湖南长沙合组长沙临时大学。1938年，长沙临时大学迁往云南昆明，更名为国立西南联合大学。联大时期，为支持抗战、开发边疆，南开大学创办了边疆人文研究室，因地制宜对滇边少数民族地区的社会经济、人文地理、语言民俗展开调查与研究。本单元收录的是边疆人文研究室所遗留的文书资料，较为全面地展现了当时的教学、科研及生活情况。

南开大学致陶云逵聘书

尺寸：长 45.6 厘米，宽 23.1 厘米

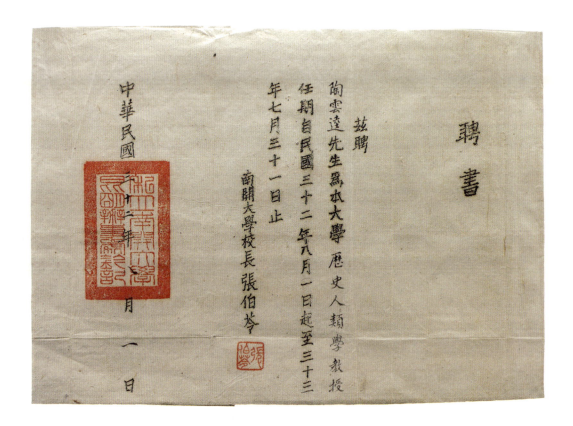

聘　書

兹聘

陶雲逵先生爲本大學歷史人類學教授

任期自民國三十二年八月一日起至三十三

年七月三十一日止

南開大學校長張伯苓

中華民國　三十二年　月　一　日

边疆人文研究室民国三十二年
三项专题研究计划书之手稿

尺寸：长 42 厘米，宽 28.3 厘米

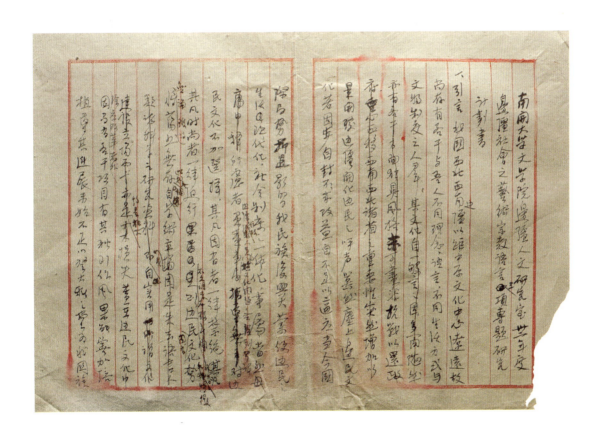

边疆人文研究室章程及
研究计划之草稿

尺寸：长 27.8 厘米，宽 20.1 厘米

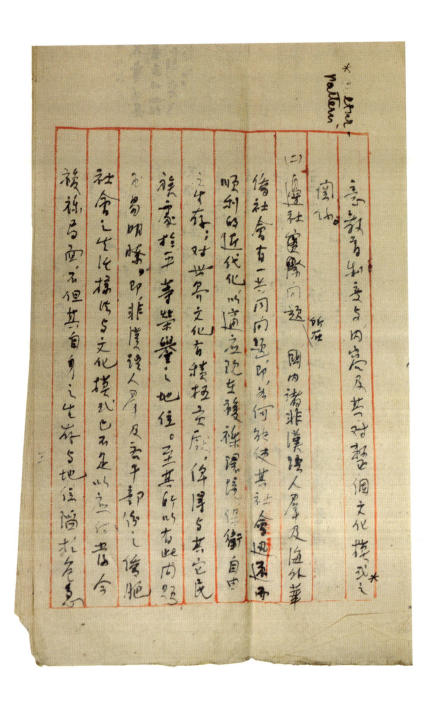

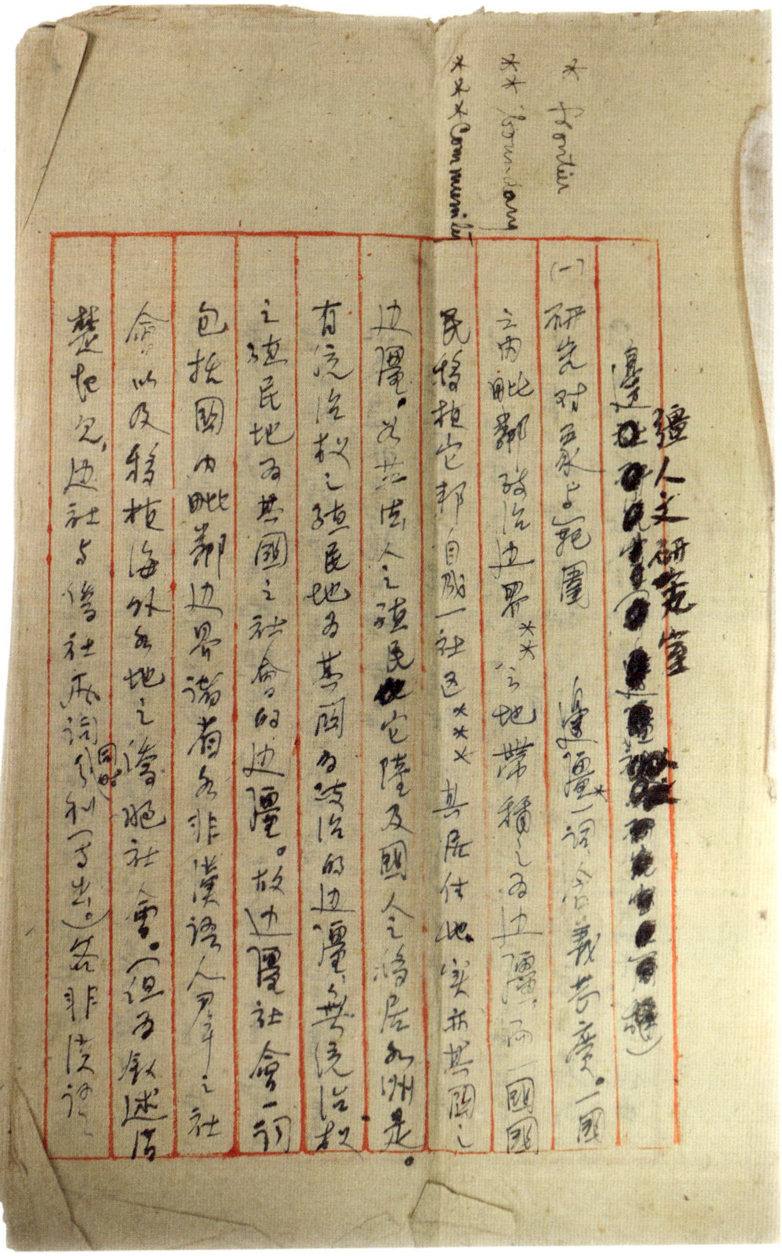

* Frontier
** Boundary
*** Communities

边疆人文研究室

边疆一词含义甚广，向无定界（有待）

（一）研究对象之范围

或内地邻疆省份之边界** 之地带，稍近之边疆，向一国国界

民族杂处之邦（自成一社会）*** 其居住地实非其国之

边疆，为某民之殖民地也，它陆及国人之侨居如州是。

有远隔之殖民地为某国所治之边疆，

主殖民地为其国之社会的边疆。故边疆社会一词

包括国内毗邻边界诸省，非漢语人居之社

会以及移植海外各地之侨胞社会。（逗号叙述后）

楚民众，边社与侨社不同词（了此）等非陆诸。

边疆人文研究室
工作时间约定之未完稿

尺寸：长 27.2 厘米，宽 18.5 厘米

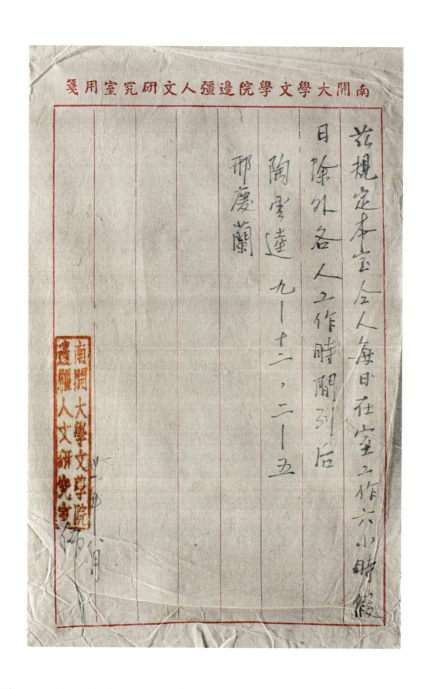

南开大学催送边疆人文研究室
提交工作报告及计划公函

尺寸：长 22.6 厘米，宽 16.2 厘米

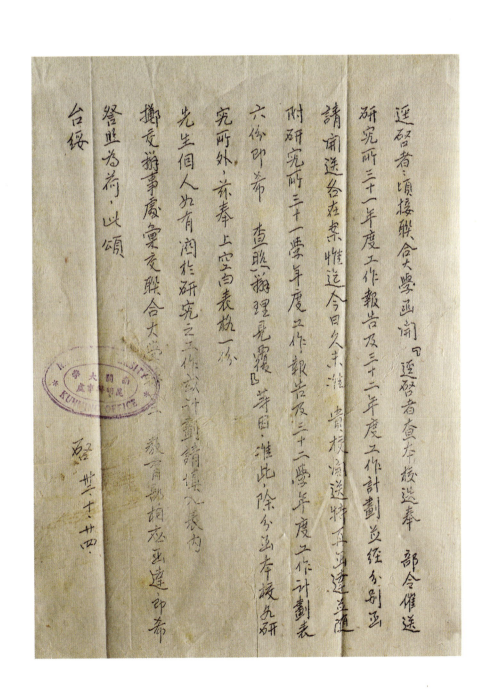

南开大学发放房帖公函

尺寸：长 22.6 厘米，宽 10.1 厘米

《边疆人文》约稿函设计手稿

尺寸：长 24.3 厘米，宽 11.8 厘米

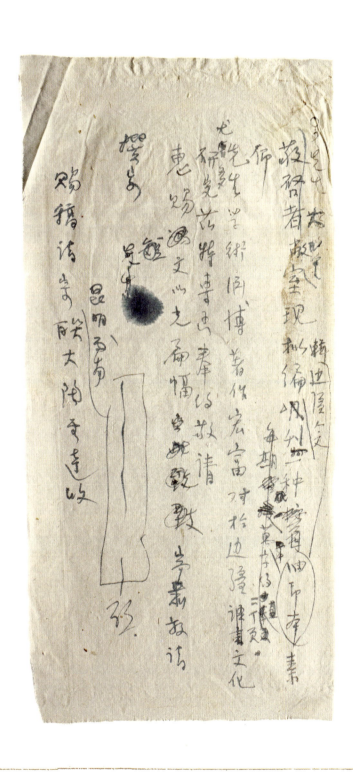

《边疆人文》发刊词手抄稿

尺寸：均为长 28.5 厘米，宽 21.3 厘米

發刊詞

郡城南下接通津，異服殊音不可聽；
青箬裹鹽歸峒客，綠荷包飯趁墟人。
鵝毛禦臘縫山罽，雞骨占年拜水神。
愁向公庭問重譯，欲投章甫作文身。

——柳宗元：柳州峒氓

"邊疆伙文"一詞中的"邊疆"兩字是依照目前流行的用法，指中國境內非漢語民族諸社區而言；"伙文"兩字原意用以譯 folklore，在這裡卻給牠含有"有文化人類學上價值的文學作品"的意思了。"邊疆伙文"意即"非漢語諸民族的文學"，同時，這些也是文化人類學上的素材。

我們相信，在同一"漢語民族"間，猶有許多美麗的、哀怨的、幽默的神話、故事、傳說、民謠、秧歌和櫓歌，是不知名和不識字的文藝家的創作，因為他們不諳諳這艱難的方塊字，無法寫出，同時那些土語土音也實在無法寫出。所以這些作品的命運，有一些是因為受人歡迎，就口頭上傳佈得極廣，也極久，終於千變離宗，成為一個社會的產物；有一些不受人歡迎，則湮沒無聞了。不過，這到底是包括在同一語系中的文化產物，雖有方音的阻隔，倘使我們想去鑒賞，卻也並不頂難。東晉齊陳間的子夜讀曲諸歌，唐代的竹枝柳枝諸詞，一經文人的採集和潤飾，其剛健清新往往卻使文學史上發生一個不小的變動。律絕既衰，長短句之所以興起，民間的謳歌，未始不是一個誘致之由。

至於境內"非漢語民族"的文學作品，不論是有好的和沒有文字的，那就幾乎不曾去鑒賞和吸收了。志書雜記中的志蠻，往往謬唐至於絕頂，這因為記事在未記之前就懷着偏見和憎惡的心，因而造成很大的誤解和隔膜，這種誤解和隔膜發生的緣因，首先由於語言和風俗的殊異，漸漸幾乎把他們看成妖魔和怪獸了。

其實在這些"異服殊音"的民族之間，①同樣依傳着許多美麗的歌謠

古老的神话，偉大的傳說，和荒唐得有趣的故事。他們是真正的土地的孩子，生活在大自然的中間，樸質而且天真。極渺遠的藍天，夜晚的流星和明月，森林中的大火，峻峭的山峯，縣亘的河流，鷙禽，猛獸，毒蟲，巨蛇，暴風雨，古樹的魔力，野花的秀麗，石的精靈，和新生命出生的神祕，無一不使他們感到驚訝和趣味。他們禮拜這一切，他們都懂這一切的語言。把這為這一切尋找一個恰好的位置放到自己的心上，如同把一碟子鹽放到菜碗的旁邊一樣。他們無晝無夜地仰看天體，參悟宇宙的大法則，他們自有其對於宇宙和生活的意義和價值的他自說法。在通紅的篝火的旁邊，從老人的口裏或是塵封的布卷裏，展開你從來沒有聽過的好故事；從年青人的三弦琴上或是蘆笙的口裏，有水一般的柔情的小曲落下來；在他們糊達的夢裏邊，生命在和極大的歷迫爭鬥，而且發出驚喊。你們都懂這一切麼？那末，我們就應當收取這種清新和剛健。

而且，倘使有心於古代史，文化交流的因緣，一種風俗的興起，發展，和傳播者，亦必有求於異服殊音的民族。中國與印度，伊蘭，阿拉伯，中亞，希臘，羅馬等之交通痕跡，也可以從這裏探聽消息。

所以我們想編這樣一種刊物，裏面專門登載：

1. 中國境內非漢語民族的神話，故事，傳說，民歌，謎語，土諺的信實的翻譯（無文字的譯自口頭，有文字的譯自經典。於不得已時，可使用記音文字）。

2. 見諸中國舊典或西籍上的非漢語民族的神話，故事，傳說，民歌，謎語，土諺的蒐集和攷證。

3. 關於以項材料的討論。

4. 翻譯方法的討論（包含語法，句法，詞彙和牠們歷史地追溯）。

5. 國外此項研究的介紹。

我們殷勤盼望海內外同好指導並幫助。

西南联大时期民族调查文书卷

罗常培发表于《边疆人文》的
《论藏缅族的父子连名》油印稿

尺寸：长 28.8 厘米，宽 16.5 厘米

胡良珍发表于《西南边疆》的
《小凉山倮倮之社会组织》一文

尺寸：长25厘米，宽18.4厘米

西　南　邊　疆　　　　　第十五期

小凉山倮倮之社會組織

胡 良 珍

一、導言

社會組織係指各種制度間之相互關係，與夫表示團體性的體格未組織的和非制度的人羣活動法和及調整而言。其中對族道德、法律、及習慣等之關係更大。所以一個社會組織裏面常包括社會生活的各方面，而把歷史的和現實的文化現象之複雜性表現出來。我們根據此種現象去推論社會進程始可收穫相當之效果。

原始民族社會組織，甚不能捨棄其家族組織，婚姻制度，階級制度，與倫理觀念等之關係。要們要了解一個原始民族之社會組織，必須了解那民族的家族組織，婚姻制度，及階級制度，與倫理觀念等之相互關係。倮倮族為中國古氏族部落之一，因自然環境之隔絕，達通交首之不便，遂使其文化停滯於古代集業社會而少進步，其風隆習慣多墨守頑先成法而不求發。古代社會形態仍得見之於現代倮倮族社會中。所以我們爲求了解倮倮族之融會組織，有宜了解其家族組織，婚姻制度，階級制度與倫理觀念等，及其相互間的關係之必要。

二、家族

從理論上言，家族組織爲社會組成之基礎。所謂家族組織，爲指已結婚之男女，及其所生的子女之社羣，並其父母雙親及其父母雙親方面的親屬間之組織而言。換言之，即指有血統關係的家族間之組織是也。由此可知家族成立之首要條件末「血統的關係」，而血統則完全建築于婚姻制度之上。

倮倮族之家族組織，婚姻制度，及階級制度各具有特異的形態，從表面上觀察起來族雖似沒有具體而堅强的組織，但在彼等意識及親屬的觀念上，則又顯然有家族之存在，並且家族觀念很濃厚。茲述其較重要之各點如左：

1. 家族組織——通常稱謂某某支，有些支的中間又分爲若干家，他們族裏，尚只是憑着歷代口傳，各族記憶其家譜，凡屬同姓部異常親善，對於異姓常因小怨而互相殘害，稱爲「打冤家」。打冤家時，卽氏族團結起來互相殘打，能對異姓有親感者亦圖親善，有操時亦常來聯助。他們社會又因操着優勢力，所以家族之間常互相爭雄，那一族的武力雄厚，那一支使成人羣雄。作戰之時，其要用「打木刻」一通知，凡全族男子及其親威便立到前其自備之武器及糧食前來助戰。但倮倮人之種族觀念亦特別濃厚，

（28）

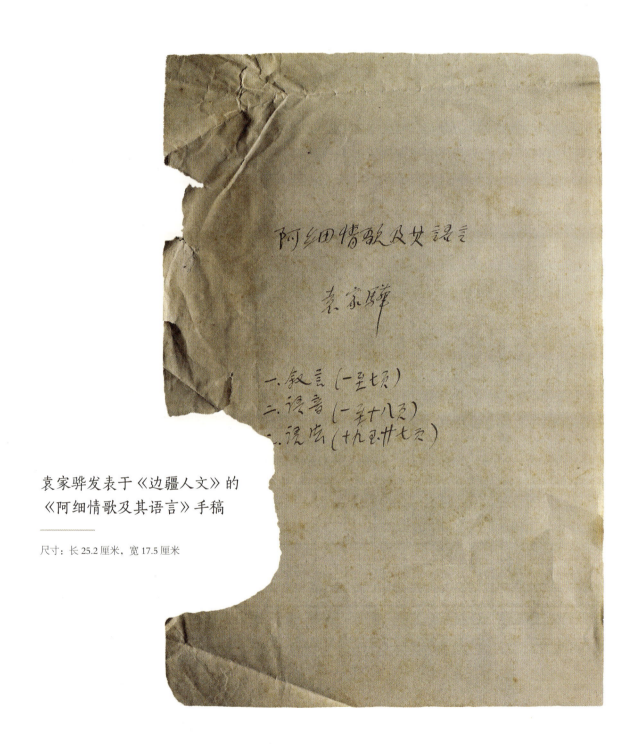

袁家骅发表于《边疆人文》的
《阿细情歌及其语言》手稿

尺寸：长 25.2 厘米，宽 17.5 厘米

阿细情歌及其语言

一·叙言

二十四年夏天，路南县政府要编修县志，主持者教育局之长杨一波先生邀我参加县志编纂会，我便约了高华年先生，共同担任了语言调查的工作。路南的语言，除汉语外，尚有夷语五种：撒尼，阿细，(二者都属于里泼倮倮语)，白彝，沙，花苗。后面的三种说的人已经很少，唯有撒尼与阿细还南北自形成一族，散居在四乡僻山裏。撒尼语有文字，曾经法教士 Paul Vial 与马学良先生调查研究过。我们于七月十三日由昆明动身赴路南，到了路南一波先生便把杂志未竟先生写定的"阿细的先基"抄本给我，我就是来回对想整理现先基"的原文。(昆明北门出版社)

~~"先基长号等是阿细人知道，阿细人等是~~
~~有文字的~~彝族大部分聚居在路南和弥勒两县之间的僻山裏。较著名的几个阿细村落是

凤凰山 moᵧtⁱaᵧlaᵧ (竹，草，村？又作 moᵧtɕᵧ¹teᵧ)，
漏泥箐 dziᵧdoᵧxᵧᵧ (铜，戊，塘？)，
敬坡 dziᵧdoᵧboᵧ (铜，月，堆？分上下二村)，
　　以上路南县境内。
磨雪井 moᵧ ʂaᵧ tseᵧ (摸，金，村？)，
野猪塘 ᵧɤᵧ jiᵧ (切，水？)，
法雨哨 vieᵧ ʂiᵧ (石，水？)，
　　以上弥勒县境内。

我首次遇着的发音人是凤凰村中心小学的教师段文彩先生，他受过的汉人和天主教文化的影响，最先是给我介绍阿细人的实际生活情。我骑着马跟他到凤凰山去，雨天裏走五六十里的

陈祖穌发表于《西南边疆》的《云南煤铁问题》一文

尺寸：长 25 厘米，宽 17.5 厘米

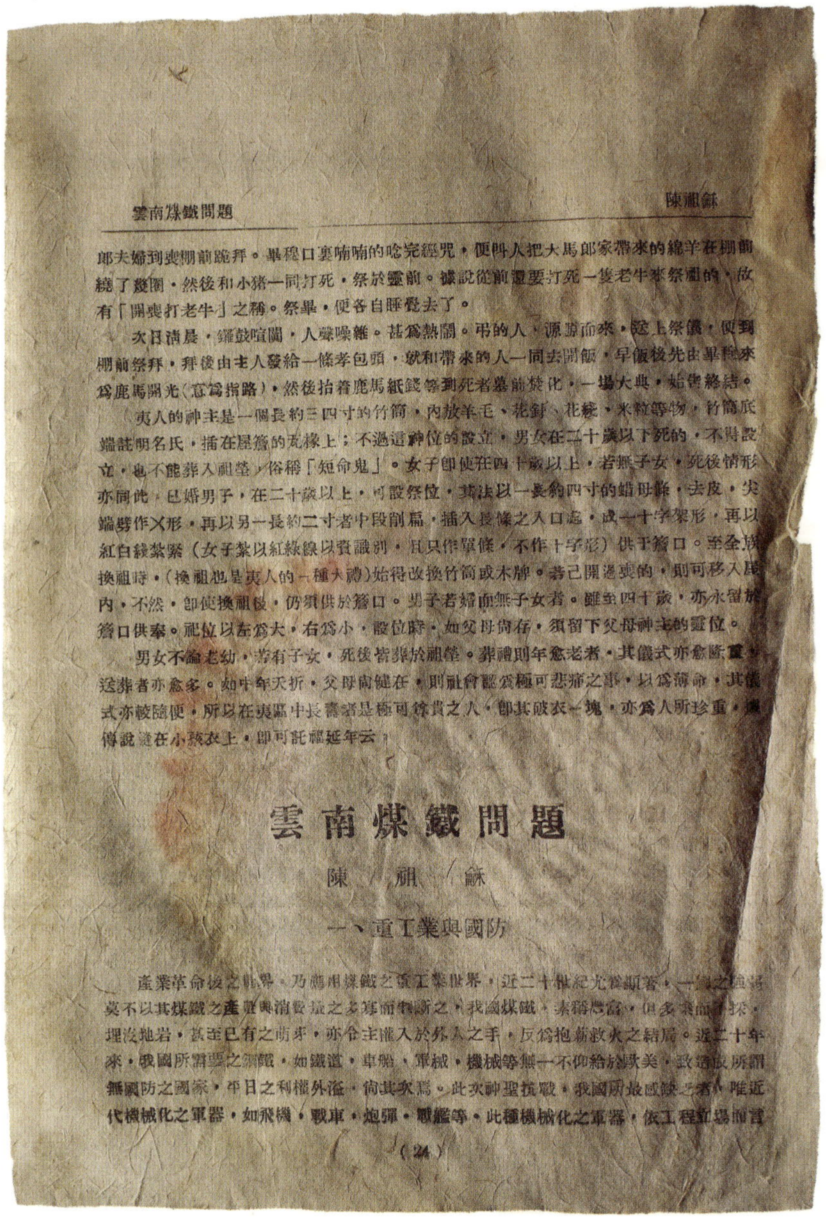

雲南煤鐵問題　　陳祖穌

郎夫婦到喪棚前跪拜。畢穆口裏喃喃的唸完經咒，便叫人把大馬郎家帶來的綿羊在棚前繞了幾圈，然後和小豬一同打死，祭於靈前。據說從前還要打死一隻老牛來祭祖的，故有「開喪打老牛」之稱。祭畢，便各自睡覺去了。

次日清晨，鑼鼓喧闐，人聲噪雜，甚爲熱鬧。弔的人，源源而來，送上祭儀，便到棚前祭拜，拜後由主人發給一條孝包頭，就和帶來的人一同去開飯，早飯後先由畢穆來爲鹿馬開光（意爲指路），然後抬着鹿馬紙錢等到死者墓前焚化，一場大典，始告終結。

夷人的神主是一個長約三四寸的竹筒，內放羊毛、花針、花綫，米粒等物，竹筒底端註明名氏，插在屋簷的瓦椽上；不過這神位的設立，男女在二十歲以下死的，不得設立，也不能葬入祖塋，俗稱「短命鬼」。女子即使在四十歲以上，若無子女，死後情形亦同此，已婚男子，在二十歲以上，可設祭位，其法以一長約四寸的蜡毋條，去皮，尖端劈作X形，再以另一長約二寸者中段削扁，插入長條之入口處，成一十字架形，再以紅白綫紮緊（女子紮以紅綠線以資識別，且只作單條，不作十字形）供于簷口。至全族換祖時，（換祖也是夷人的一種大禮）始得改換竹筒或木牌。若已開過喪的，則可移入屋內，不然，即使換祖後，仍須供於簷口。男子若婚而無子女者，雖至四十歲，亦永留於簷口供奉。祀位以左爲大，右爲小，設位時，如父母尚存，須留下父母神主的靈位。

男女不論老幼，若有子女，死後皆葬於祖塋。葬禮則年愈老者，其儀式亦愈隆重，送葬者亦愈多。如中年夭折，父母尚健在，則社會認爲極可悲痛之事，以爲薄命，其儀式亦較隨便，所以在夷區中長壽者是極可尊貴之人，即其破衣一塊，亦爲人所珍重，據傳說縫在小孩衣上，即可託福延年云。

雲南煤鐵問題

陳　祖　穌

一、重工業與國防

產業革命後之世界，乃應用煤鐵之重工業世界，近二十世紀尤爲顯著，一國之強弱莫不以其煤鐵之產量與消費量之多寡而判斷之，我國煤鐵，素稱豐富，但多未曾開採，埋沒地岩，甚至已有之萌芽，亦令主權入於外人之手，反爲抱薪救火之結局。近二十年來，我國所需要之鋼鐵，如鐵道，車船，軍械，機械等無一不仰給於歐美，致造成所謂無國防之國家，平日之利權外溢，尚其次焉。此次神聖抗戰，我國所最感缺乏者，唯近代機械化之軍器，如飛機，戰車，炮彈，戰艦等。此種機械化之軍器，依工程立場而言

（24）

李景汉发表于《边政公论》的
《凉山罗罗的氏族组织》一文

尺寸：长26.4厘米，宽18.2厘米

羈的階級。涼山羅羅隨時出擾治游浹訊，搶掠牲畜，捆掠漢人。漢人之被俘擄入山的，在羅羅的氏族社會中，成為上一個敷超過羅羅本族人口的重要階層。

娃子本身又分為四類。一為「家娃子」係被擄掠中之單身無家者；二為「白彝娃子」係為奴隸較久或有技能者，如木工、石工之類；三為「管家娃子」係在一個主人之下服役至二三代者，其生活較好一點；四為「三灘娃子」，為白彝娃子，或當家娃子之奴隸，是奴隸的奴隸其地位最低。黑骨頭的人數僅佔涼山總人口數的十分之二左右而已，可是他們能夠世代的統治着遠超過他們自己人口數的漢奴，總之，涼山羅羅的現實社會是以嫡系羅羅的家族做本位，統率着多數奴隸，而羅成世襲的貴族和奴隸兩大階殺氏族社會。富強的黑骨頭所直轄的奴隸有多至千戶以上者。

奴隸對於主人負下列任務：一，服務，包括浆洗；二，個種主人田地時，須納租；四，獻納，例如主人要娶妻，或幼女，或逢年節，時須納猪羊酒或白銀。主人對奴隸可以吊打，可以用燒條絡口鼻，甚至打死不敢還手，但奴隸之衣食等俱常享受大致與主人一樣。遇有痛苦時，主人也盡力幫助；除歐納外，無其他苦惱。遇有戰爭時，主人立於最前線，因此僕來無奴隸反

邊政公論　涼山羅羅的氏族組織

男女間發生性的關係，則將幼子餓死，而令黑骨頭月殺。其他階級也只許說夷語，過晁一個有效的統治方法。白夷打死黑彝人只許說夷踏，不許講漢話，且全家都須抵命。黑夷打死白夷，可以用白銀子來話償命債。白夷不能獨殺黑彝的「天苦薩」，即黑夷頂上所留二寸方寸許長之天苦陸歐打。娃子可以被主人賣出去，專娃子之賣價：六七歲者可賣二十至四十兩幻子，十五到二十歲者約一百五十兩，四十至五十歲者約三十兩。女娃子之買價：六七歲者約卉兩，黑骨頭嫁女時，則以數個女白夷娃子陪嫁。他們即以配與夫家之男娃子，在這裏奴隸就是財產。

氏族社會之形成 關於涼山羅羅的政治統屬情形，白夷是有就氏族社會之形成的，黑夷是無統屬的。生子間集團的組織便以家族血緣的關係來範圍。由最親近的血族關係人組成一個小集團，稱之為「家」。所謂一家者干同一血緣的「房」組成一個較大的集團，稱為「支」，再把血族的關係擴大組成一個更大的集團，稱之為「支」，又稱之為「所」。故涼山部落的組織，非無一定的統屬性。支與房固然可以說是「家」道一個大部落中的小部

一九

陶云逵未刊稿之《焚夷历法考》

尺寸：长 30.5 厘米，宽 24.6 厘米

陶云逵未刊稿之
《云南摆夷耿马宣抚司史纪汉译稿摘要并疏证》

尺寸：长 26.8 厘米，宽 19.8 厘米

雲南擺夷耿馬宣撫司史紀漢譯摘要並疏證

陶雲逵

雲南土族中有文字的是羅羅與擺夷。耿馬宣撫司署順寧縣管轄。族系為擺夷，語言為泰語，文字衍自巴利。

羅羅諸族文字多用於宗教典籍，擺夷則除宗教書外，尚有用以記載當地政事，土司世系，貴族生活。並有不少故事小說。大體經典，故事等由緬寺僧侶編寫。政事及土司世系等由土司署之書記官記錄。此種之体裁各土司地不同。有些僅將土司世系及每代大事紀錄，有些則於政事外兼有祭祀，婚姻，占卜，稅收，納貢等，而此為事

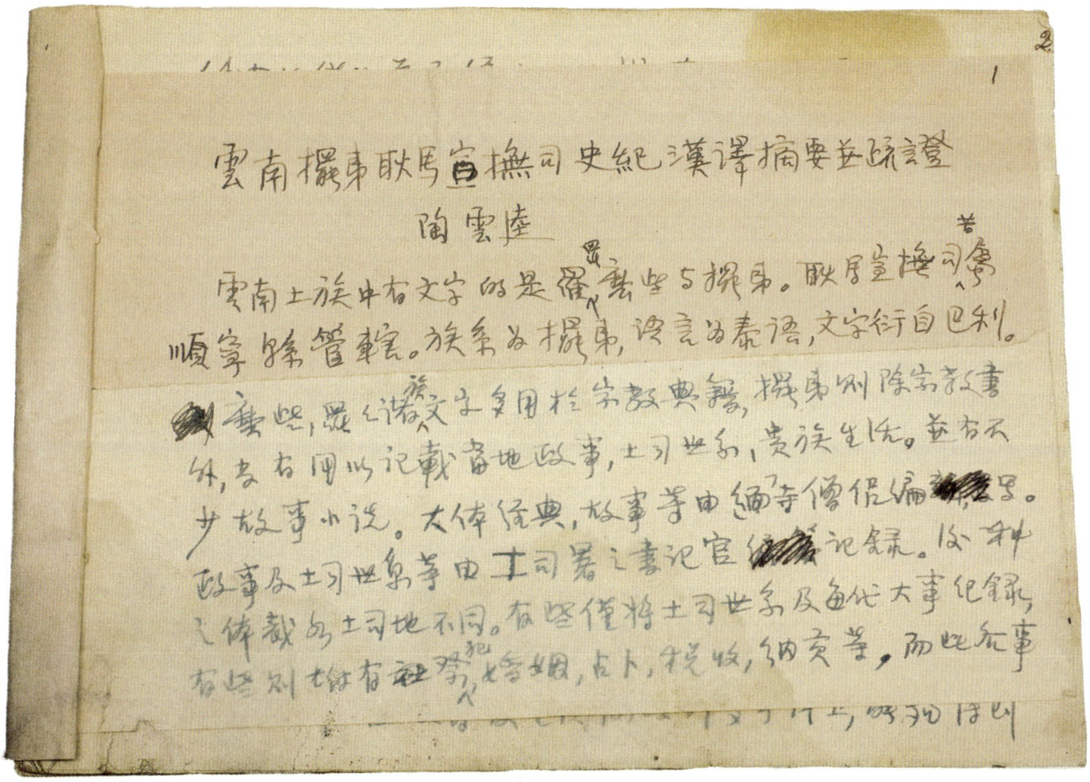

陶云逵未刊稿之《读陈志良“铜鼓研究发凡”》

尺寸：长 28.6 厘米，宽 24.3 厘米

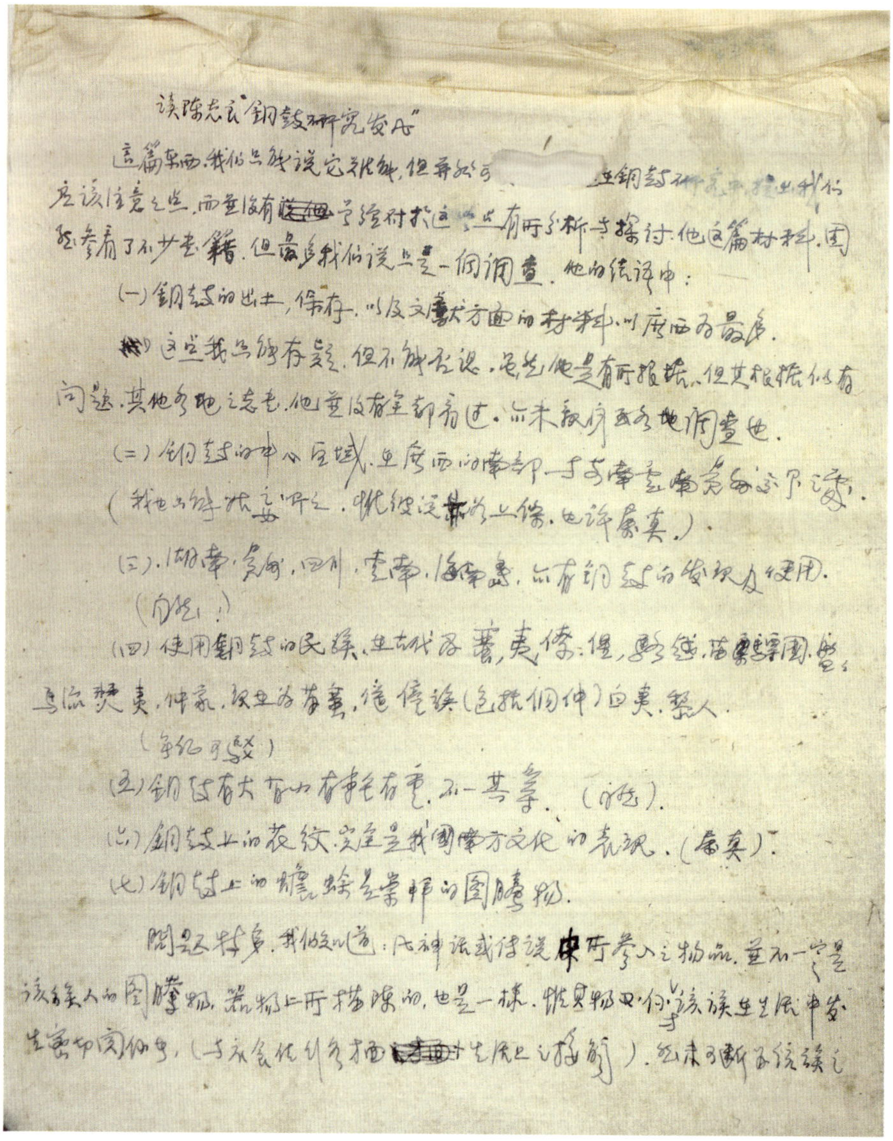

读陈志良"铜鼓研究发凡"

這篇東西，我们只能说它[illegible]，但并[illegible]在铜鼓研究中提出我们应该注意之点，而並沒有[illegible]资料找这些点有所分析与探讨。他这篇材料，固然参看了不少書籍，但最多我们说只是一個调查。他的结论中：

(一) 铜鼓的出土，保存，以及文献方面的材料，以广西为最多。

这些我只能存疑，但不能否认，总之他是有所根据，但其根据似有问题。其他各地之志書，他並沒有全部看过，亦未能作各地调查也。

(二) 铜鼓的中心区域，在广西的南部——与安南交界[illegible]。

（我也不能[illegible]，就彼说[illegible]，也许属实。）

(三)，湖南，贵州，四川，云南，海南岛，亦有铜鼓的发现及使用。

（可能！）

(四) 使用铜鼓的民族，在古代为蛮，夷，僚，俚，[illegible]，[illegible]，鸟浒，[illegible]夷，仲家，现在为苗蛮，僮僚族（包括侗仲）白夷，黎人。

（年代可疑）

(五) 铜鼓有大有小，有轻有重，不一其[illegible]。（可能）

(六) 铜鼓上的花纹，完全是我国南方文化的表现。（属实）

(七) 铜鼓上的蟾蜍是崇拜的图腾物。

問题很多，我们知道：凡神话或传说中所参入之物品，並不一定是该族人的图腾物，器物上所描绘的，也是一样。[illegible]该族生活中发生密切关係呢，（[illegible]生活上之[illegible]）。然未可断[illegible]该族之

陶云逵手抄稿之
《西南部族之鸡卜骨》

尺寸：长 28.5 厘米，宽 24.5 厘米

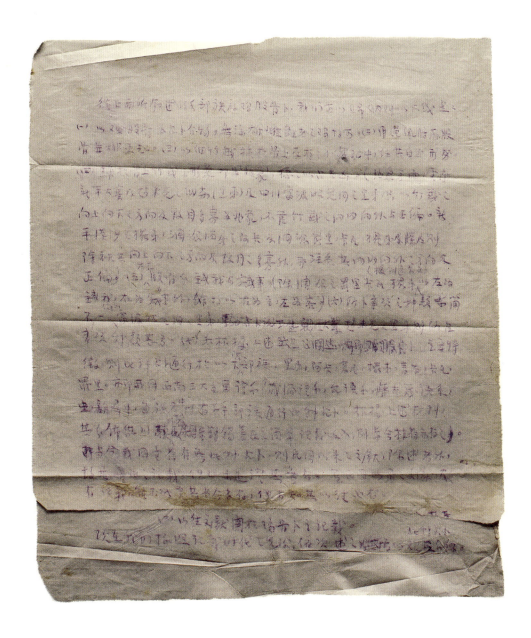

西南联大时期民族调查文书卷

陶云逵手抄稿之
《大寨黑夷之宗族制度与图腾》

尺寸：长28.8厘米，宽24.6厘米

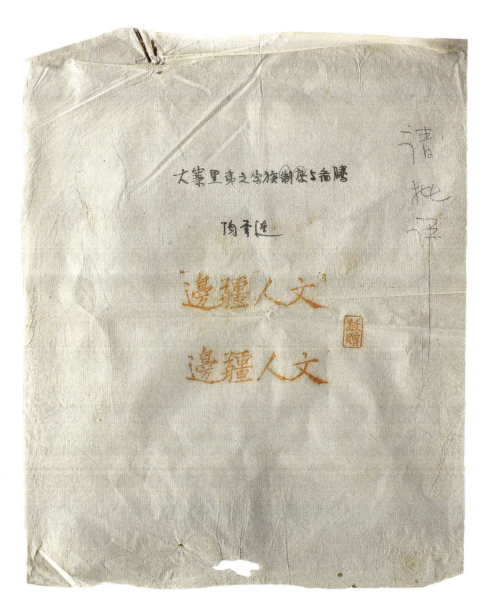

◎ 应为赠人之用。

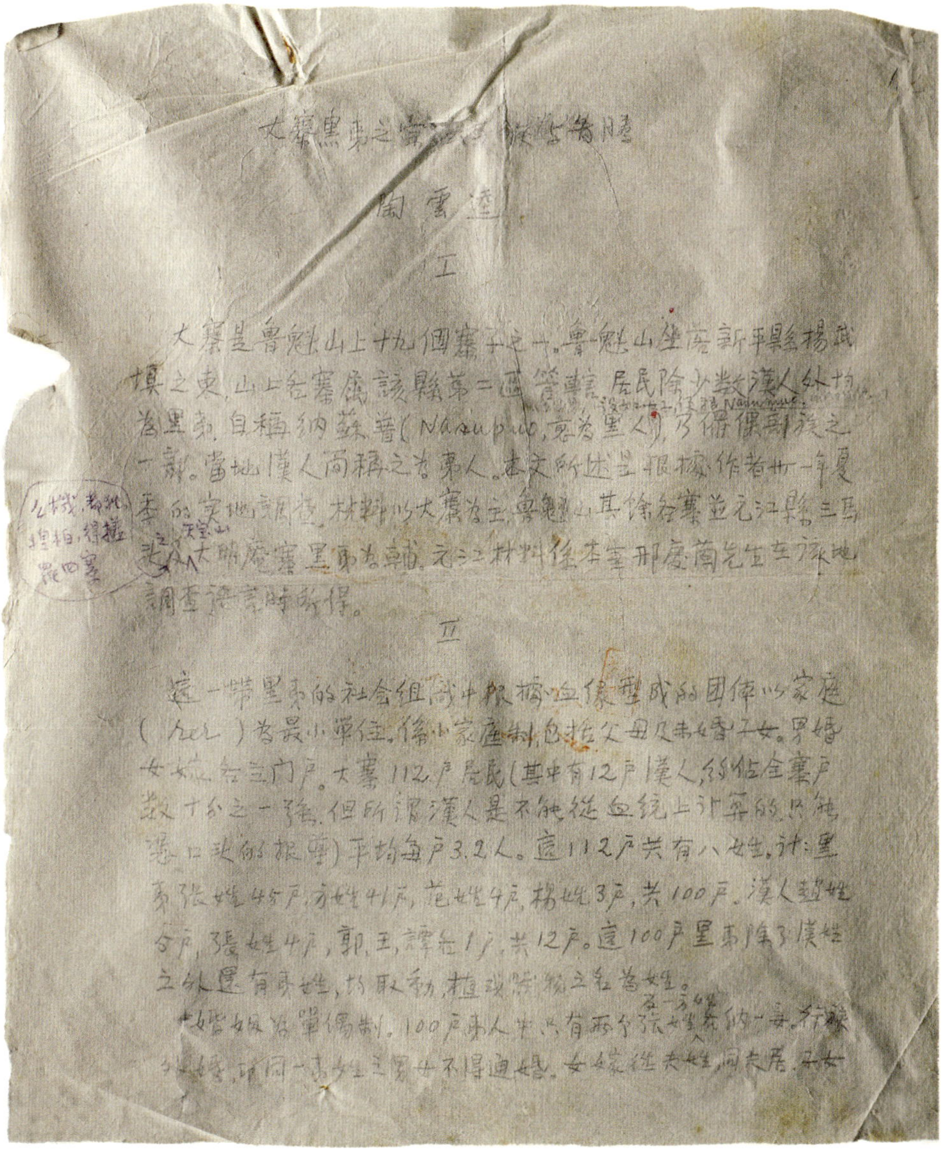

大寨黑夷之宗...氏族生活略述

陶云逵

一

大寨是魯魁山上十九個寨子之一。魯魁山坐落新平縣楊武壩之東。山上各寨屬該縣第二區管轄。居民除少數漢人外，均為黑夷，自稱納蘇普（Nasupu），意為黑人，乃儸儸民族之一系。當地漢人簡稱之為夷人。本文所述皆根據作者廿一年夏季的實地調查。材料以大寨為主。魯魁山其餘各寨並元江縣三馬老人大朋庵寨黑夷為輔。元江材料係本寨邢家簡先生在該地調查談話時所得。

二

這一帶黑夷的社會組織中根據血緣型成的團體以家庭（hel）為最小單位。係小家庭制，包括父母及未婚子女。男婚女嫁各自三門戶。大寨112戶居民（其中有12戶漢人，約佔全寨戶數十分之一強。但所謂漢人是不純從血統上計算的，只是遷入時的根據）平均每戶3.2人。這112戶共有八姓，計：黑夷張姓45戶，方姓41戶，花姓4戶，楊姓3戶，共100戶。漢人趙姓6戶，張姓4戶，郭、王、譚各1戶，共12戶。這100戶黑夷除了漢姓之外還有夷姓，均取動植礦等物立名為姓。

黑夷娶嫁係單偶制。100戶黑夷中也有兩個張姓氏等的一夫同娶兩婦者，如同一寨方王等姓不得通婚。女嫁從夫姓，同夫居，子女

陶云逵手稿之
《大寨黑夷之宗族与图腾制》

尺寸：长28.9厘米，宽24.6厘米

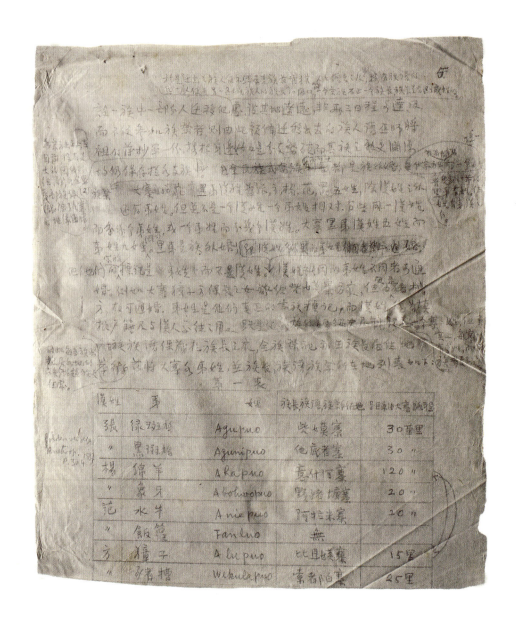

陶云逵手抄稿之
《国立边疆人文博物院计划书》

尺寸：长 33.1 厘米，28.6 厘米

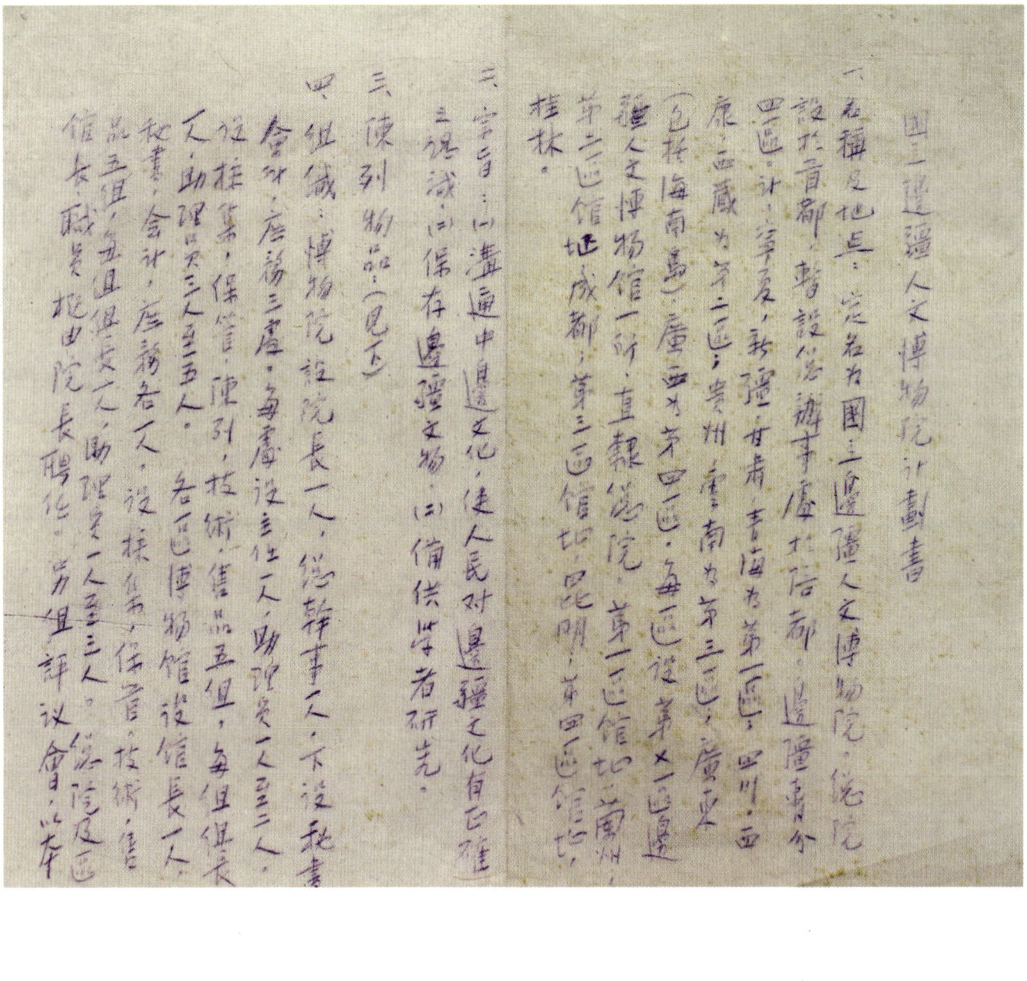

国立边疆人文博物院计划书

一、名称及地点：定名为国立边疆人文博物院。总院设於首都，暂设於滇市，应於后方。边疆事分四区：计云南为第一区，新疆甘肃青海为第二区，四川西康西藏为第三区，贵州云南为第三区，广东（包括海南岛）广西为第四区。每区设第×一区边疆人文博物馆一所，直隶总院，第一区馆址昆明，第四区馆址桂林，第二区馆址成都，第三区馆址兰州。

二、宗旨：一沟通中遗文化，使人民对边疆文化有正确之认识，二保存边疆文物，三供学者研究。

三、陈列物品：（见下）

四、组织：博物院设院长一人，总幹事人，下设秘书处、庶务三处，每处设主任一人，助理员二人至三人，征集、保管、陈列、技术、售品五组，每组组长一人，各区博物馆设馆长一人，征集、保管、技术、售品五组，每组组长一人，助理员一人至三人，总院及远馆长聘任，劳但评议会决定，本……

陶云逵手抄稿之
《十六世纪云南车里宣慰使司与缅王室之关系》

————————

尺寸：长 28.5 厘米，宽 16.5 厘米

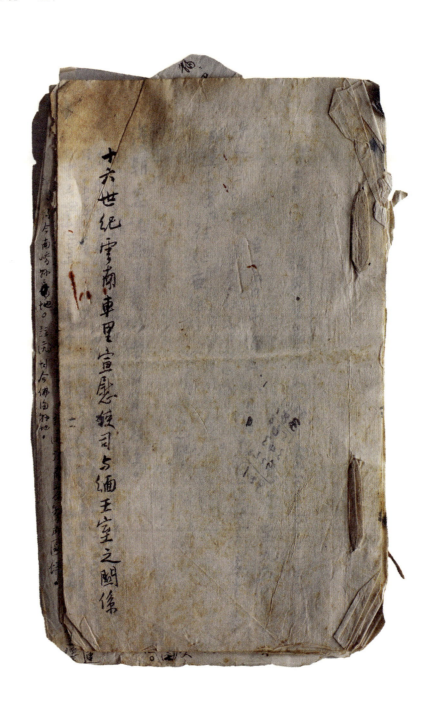

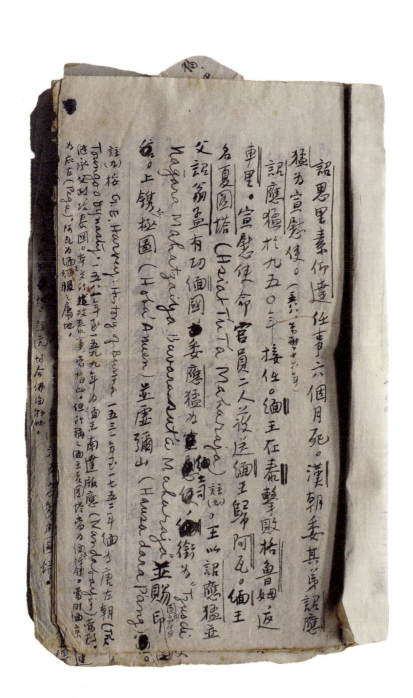

詔思里素仰遣任事六個月死。漢朝委其弟詔應

猛為宣慰使。（素仰 万歷十六年）

詔應獲於九五〇年接位。緬王在素擊敗梧魯姆返

車里。宣慰使命官員二人夜送緬王歸阿瓦。緬王

名夏圓塔 Chsid Tu Tä Maharaja 以詔應獲並

父詔篇孟有功緬國也委應獲為 重緬甸 ，即緬土司

Nagna Makatzaiga Baronwauta Makaraiye 並賜印

台。上鐫拯圖（Hoti Amum）並崑彌山（Hawa dara Pang。

註（1）按 G.E. Harvey: History of Burma 1531 年至一七五二年緬為唐左朝（即

Toungoo Dynasty）一五三一年至一五九九年為緬王南鑾版應（Nandabayin）當國

時承父對攻泰國。專文行擴攻泰事當指此。但所稱之緬王夏圓塔當為緬督領 當時緬東

為屈在（Pegu）阿瓦乃緬緬服之屬地。

陶云逵手稿之
《西南边疆社会及其问题（大纲）》

尺寸：长 16.7 厘米，宽 12.8 厘米

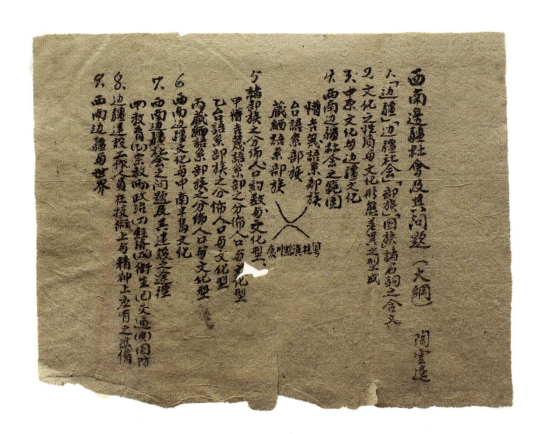

陶云逵手稿之《西南边疆文化》

尺寸：长 27.1 厘米，宽 19.2 厘米

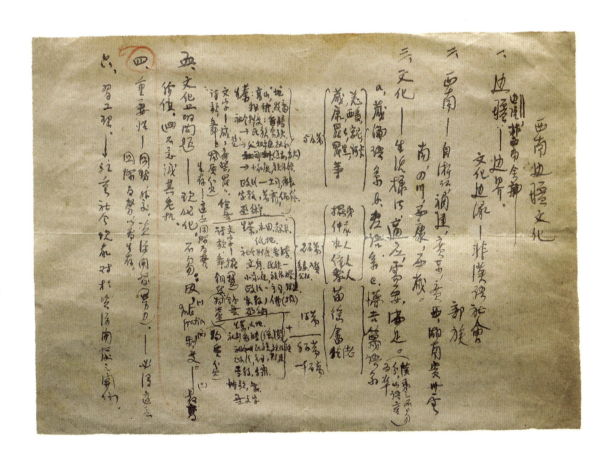

"联一二四八沈瑶美"翻译作业

尺寸：长 27.5 厘米，宽 18 厘米

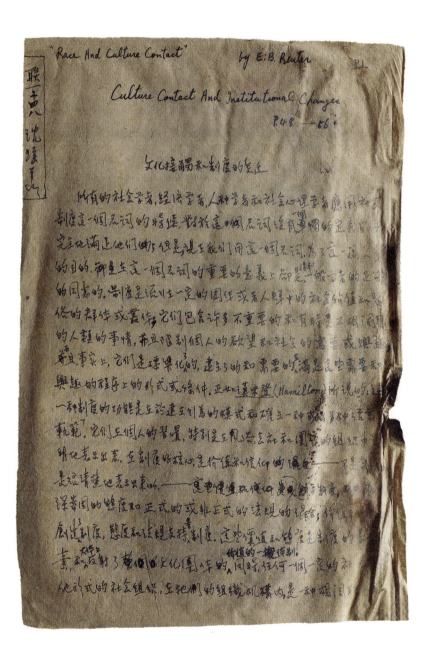

"联1261陈誉" 翻译作业

尺寸：长30.8厘米，宽19.4厘米

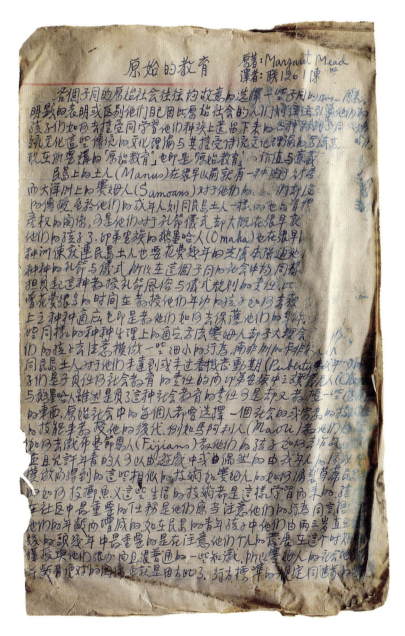

◎ 陈誉是我国著名的图书情报学家。

"陈誉（A）1261"作业

尺寸：长29.2厘米，宽20.8厘米

書名：American Anthropologist（Vol.43 January-March 1941）

標題：Some Comments on the study of culture Contact（By Melville J. Herskovits）

譯名：文化接觸的研究的評註

現在研究"文化傳播"在較廣濶與丰富的範圍與内容趣势下继續致力於分析"接觸情形"的工作，一般研究"文化動力"在对於用"個案研究"来增加了信念與說議。本刊所載的五篇文字便是這個信念的証明，他们同時指出："新問題的如何發現，方法的如何追窮，意義的限定宜如何精細。按这五篇文字都是在一九四〇年四月廿六日美國人類學社中央

"联二七一八库春熙译"作业

尺寸：长 25.4 厘米，宽 16.8 厘米

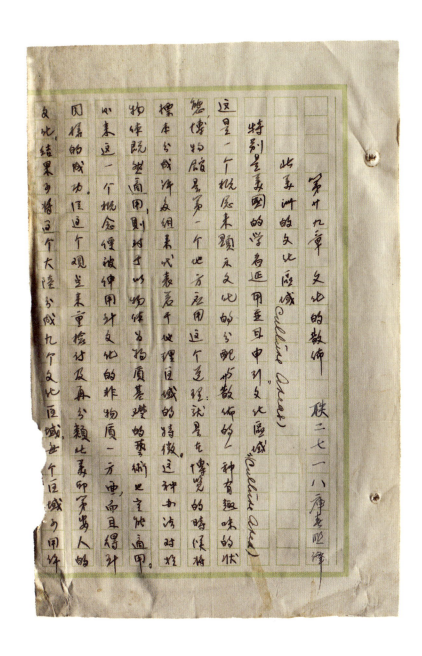

赖才澄《磨老坝苗族婚姻之历程》手稿

尺寸：长 20.4 厘米，宽 16.5 厘米

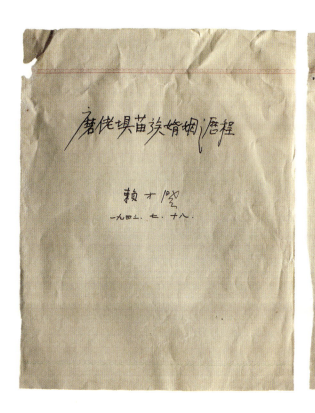

◎ 赖才澄为陶云逵的门生，毕业后在边疆人文研究室工作。

任继亮《云南寻甸禄劝夷区见闻记》手稿

尺寸：长 24 厘米，宽 15 厘米

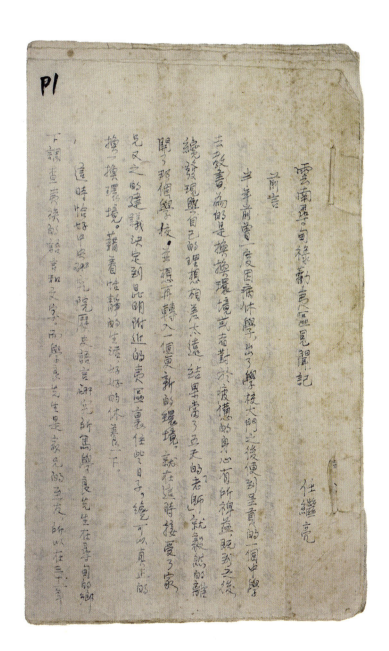

◎ 任继亮为任继愈三弟，1944 年毕业于西南联大，后任教于北京财贸学院。

柯化龙《在文化接触之研究中历史的地位》译稿

尺寸：长 25 厘米，宽 15.5 厘米

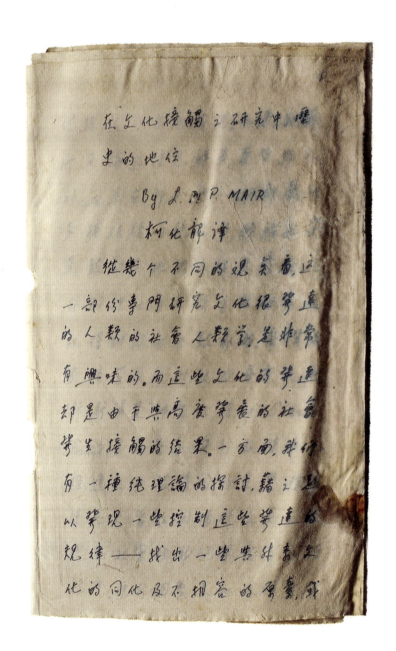

◎ 柯化龙是西南联合大学历史系 1943 届毕业生。

李忠诚《寻甸黑夷的四大节令》手稿

尺寸：长 24.2 厘米，宽 15 厘米

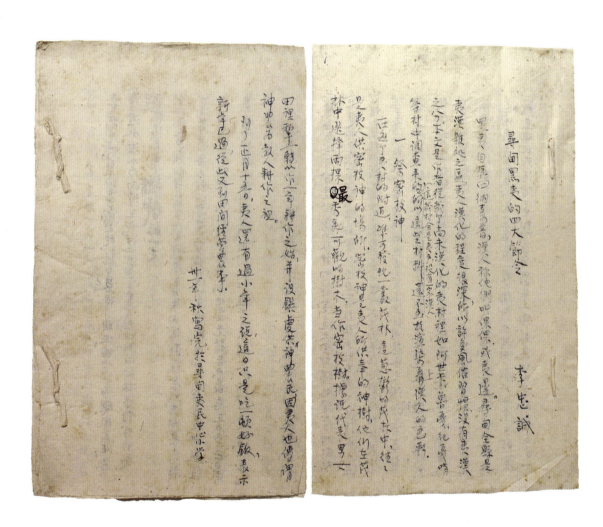

◎ 李忠诚为黑夷族人，居寻甸风仪乡阿是卡村，曾协助马学良进行相关调查。

陶云逵之中华民国护照

尺寸：长 21.2 厘米，宽 16.2 厘米

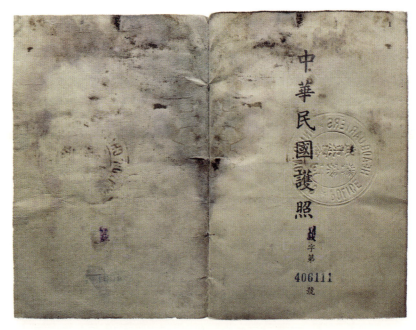

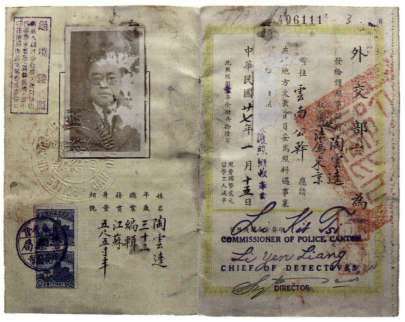

陶云逵之云南绥靖区护照

尺寸：长 50 厘米，宽 26.2 厘米

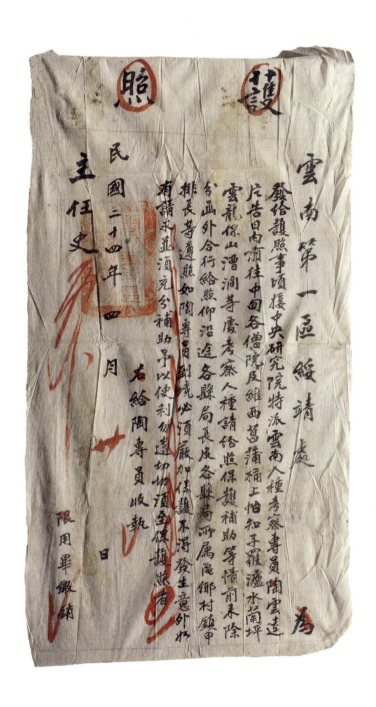

西南联大时期民族调查文书卷

陶云逵照片

1 尺寸：长 5.4 厘米，宽 5.3 厘米
2 尺寸：长 6 厘米，宽 5.9 厘米
3 尺寸：长 6.2 厘米，宽 6 厘米
4 尺寸：长 5.7 厘米，宽 4.3 厘米
5 尺寸：长 5.9 厘米，宽 5.7 厘米

1   2   3

4   5

陶云逵国立西南联合大学图书馆领书单之《岭南旅记》

尺寸：长13.5厘米，宽9.8厘米

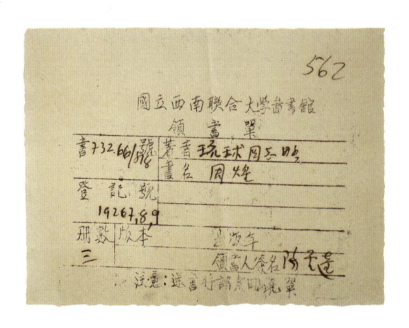

陶云逵国立西南联合大学图书馆领书单之《琉球国志略》

尺寸：长13.5厘米，宽9.8厘米

罗黑语练习簿

尺寸: 长20厘米, 宽16.2 (半幅)

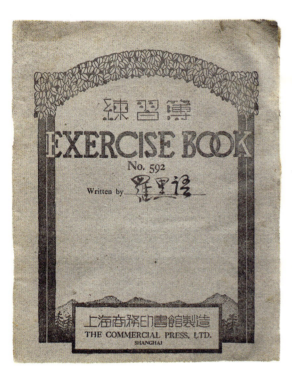 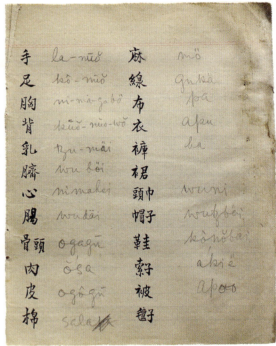

罗黑语练习簿

尺寸：长 20 厘米，宽 32.4 厘米（全幅）

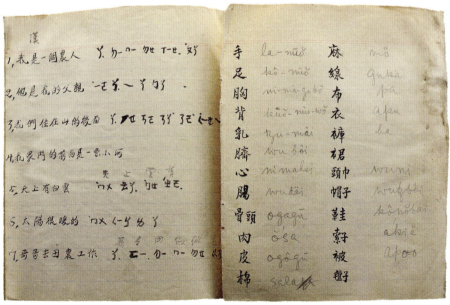

西
南
联
大
时
期
民
族
调
查
文
书
卷

陶云逵"俅子语"练习簿

尺寸：长 20 厘米，宽 32.4 厘米

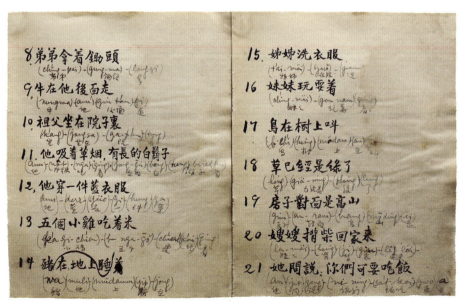

《云南日报》刊登纪念陶云逵的文章

尺寸：长 77.9 厘米，宽 54.4 厘米

南开大学博物馆藏品图录
西南联大时期民族调查文书卷

石佛铁路沿线民族调查资料

　　20世纪40年代初，云南地方政府计划修筑一条由石屏通往佛海的省内铁路，委托南开大学分期分段调查该路线各区域的物产贸易、社会习俗与方言。为此，在边疆人文研究室主任陶云逵的带领下，邢公畹、黎国彬、高华年等年轻的工作人员从昆明出发，经玉溪、峨山、新平、元江、金平，沿红河而下，对哈尼族、彝族、文山苗族、傣族、纳苏等少数民族的语言、民俗、社会经济、地理等进行了调查。本单元就是对此次调查成果的展示，除了石佛铁路建设所需的调查资料外，还包括大量具有重要学术价值的文书、照片、图绘、地图。

云南省石佛铁路工程筹备委员会致
陶云逵聘书

尺寸：长30.9厘米，宽18.1厘米

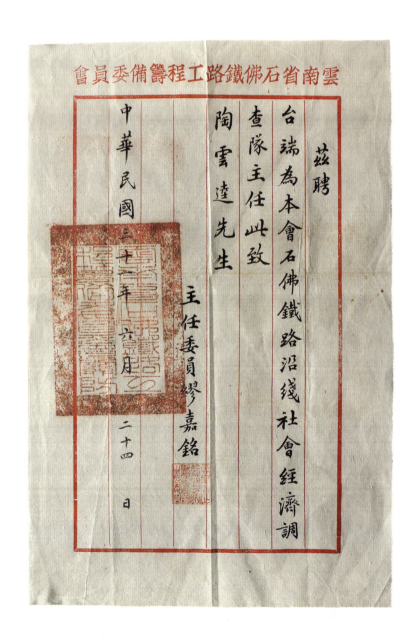

云南省石佛铁路工程筹备委员会
发放给陶云逵护照

尺寸：长39.7厘米，宽32.2厘米

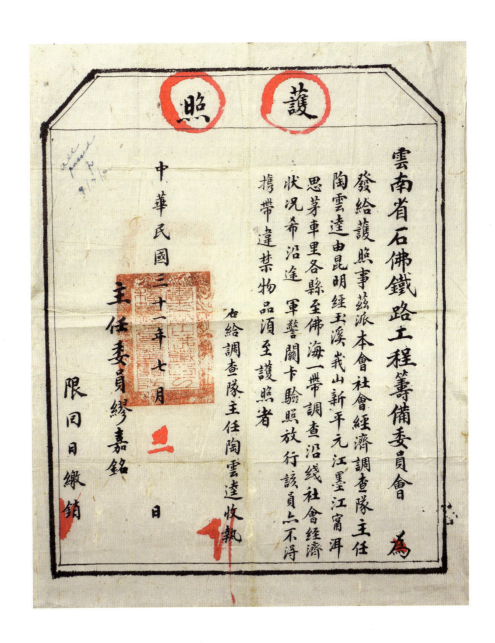

西南联大时期民族调查文书卷

佛海地区社会经济调查报告

尺寸：长 27.7 厘米，宽 20.7 厘米

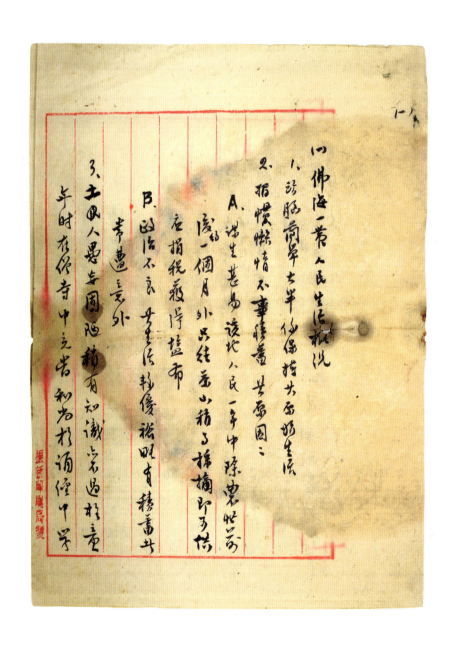

民国三十二年度（1943）
石佛铁路沿线社会经济调查计划书

尺寸：长 29.8 厘米，宽 24.8 厘米

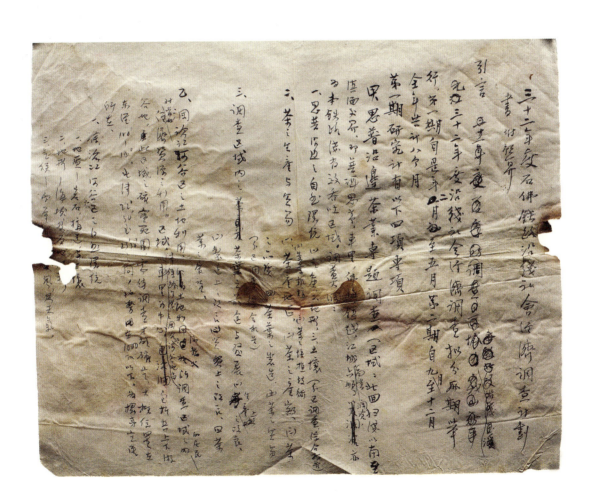

"1942 年之工作队" 照片

尺寸：长 5.7 厘米，宽 5.7 厘米

左二为黎宗瓛，左三为陶云逵，
右一为黎国彬，右三为高华年

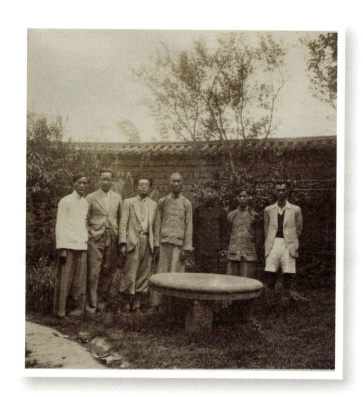

吕维宏名片

尺寸：长 10.1 厘米，宽 4.8 厘米

◎ 吕维宏时为云南省石佛铁路工程筹备委员会正工程司兼第一测量队队长。

边疆人文研究室
在石佛铁路调查期间的账目

尺寸：1. 2. 均为长 21.3 厘米，宽 12.3 厘米，
3. 长 24.8 厘米，宽 18.6 厘米

1

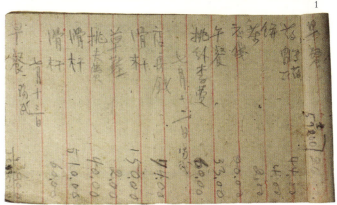

2

3

云南省各设治局设置原因、设治地点及区划情形表

尺寸：长 49.6 厘米，宽 41 厘米

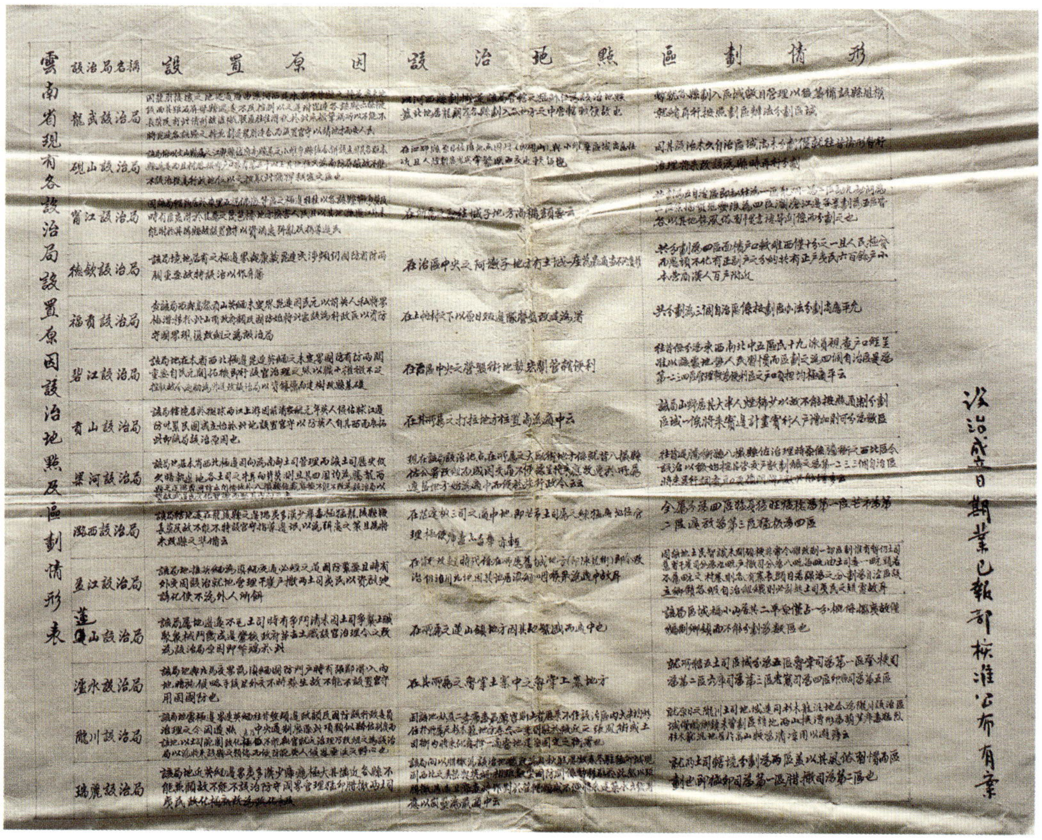

雲南省現有各設治局設置原因設治地點及區劃情形表

設治局名稱	設置原因	設治地點	區劃情形
龍武設治局	[illegible]	[illegible]	[illegible]
硯山設治局	[illegible]	[illegible]	[illegible]
寧江設治局	[illegible]	[illegible]	[illegible]
德欽設治局	[illegible]	[illegible]	[illegible]
福貢設治局	[illegible]	[illegible]	[illegible]
碧江設治局	[illegible]	[illegible]	[illegible]
貢山設治局	[illegible]	[illegible]	[illegible]
梁河設治局	[illegible]	[illegible]	[illegible]
潞西設治局	[illegible]	[illegible]	[illegible]
盈江設治局	[illegible]	[illegible]	[illegible]
蓮山設治局	[illegible]	[illegible]	[illegible]
瀘水設治局	[illegible]	[illegible]	[illegible]
隴川設治局	[illegible]	[illegible]	[illegible]
瑞麗設治局	[illegible]	[illegible]	[illegible]

設治局成立日期業已報部核准公布有案

鲁魁山大寨人口调查资料

尺寸：长 30 厘米，宽 24.9 厘米

大寨地主大半有四寨 [方角中（保甲）...] 大有口10

鲁魁全山共有大小村寨三十馀個，每個寨人户自两三户至百馀户不等，
其中古大者為大寨，包括住户112户。兹根據楊武鎮各衔巷村寨内户表
（27年七月製）的記載，鲁魁全山，共編三保，每保包括村寨数目不等，保
下居甲。现将該山属重村寨名稱及户数列下：

鲁魁全山各保山所居重要村寨名稱及其户口数统計表

保别	甲别	寨 名	户 数
Ⅲ	1-11	大 寨	140
	12-13	麦 布	14
Ⅵ	1-3	楼梯都白	35
	4	鲁依媒	9
	5	散 媒	11
	6	麻栗樹	9
	7-8	泥底冲	21
Ⅶ	1-5	新 寨	50
	6-9	不且媒	40
	10-11	阿腊这	21
	統計		350

全山共350户，但包是27年的调查数字，如果我们假定现在情形還
没有大变更，则350户这数字，可以暂時视为现在的情形，又依照我们
在大寨普查112家的果统，112家平均家庭人口数为3.2人。事实上，大
寨的户人口情况与全山其他村寨並等無其的差異，那麽，350×3.2
应为1120人。

维西至求江路线图

尺寸：长 29.1 厘米，宽 22.8 厘米

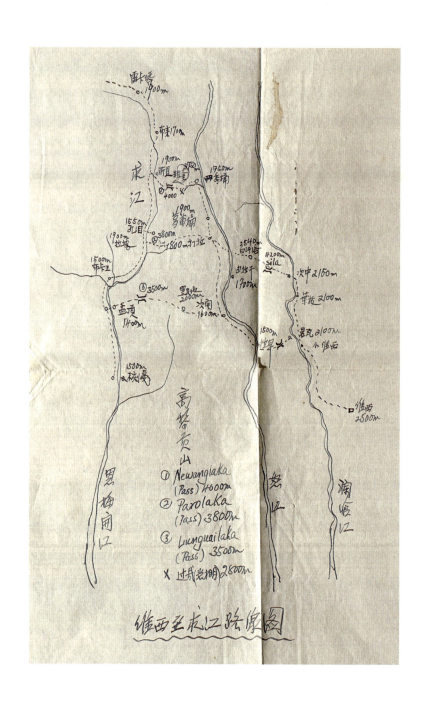

元江县全图

尺寸：长 79.2 厘米，宽 56.6 厘米

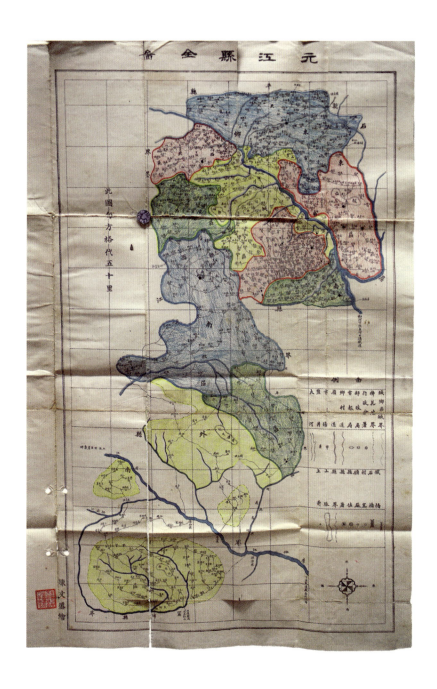

西
南
联
大
时
期
民
族
调
查
文
书
卷

"大寨黑夷之宗教与巫术" 手稿

尺寸：长 25.7 厘米，宽 19 厘米

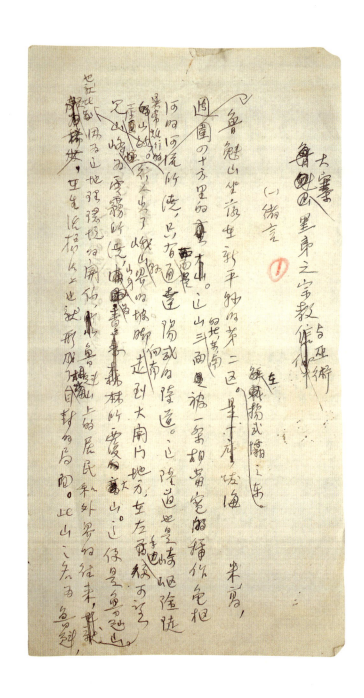

石佛铁路沿线海拔调查记录

尺寸：长 17.5 厘米，宽 11.5 厘米

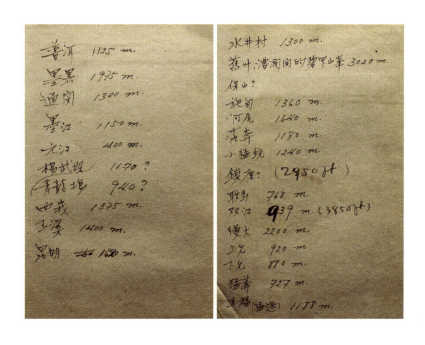

石佛铁路沿线调查所采集的民谣

尺寸：长 26.7 厘米，宽 21.5 厘米

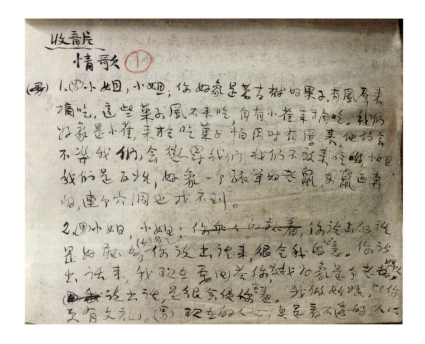

峨山县社会经济调查表

尺寸：长 60.7 厘米，宽 25 厘米

石屏汉人体质人类学调查登记表

尺寸：长 34.5 厘米，宽 21.7 厘米

杨武坝大寨社会经济调查记录

尺寸：长 17.2 厘米，宽 13.6 厘米

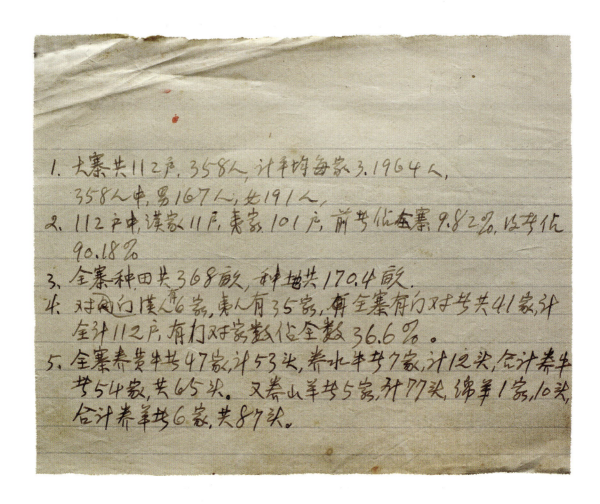

杨武政区之村各田地及人口调查表

尺寸：长27.8厘米，宽23.6厘米

乡号	村名	田地	人口
①杨武	麦冲营	992.27亩	492.27
②旧麻乡	①头甸 ②莲花塘 ③龙冲 ④白租拉干寨 ⑤白租拉寨寨 ⑥道米克 ⑦麻念莫 ⑧山蘇寨村 ⑨瓦案上村 ⑩他古冲 ⑪他村河 ⑫大竹栅 ⑬簸子箐 ⑭旧打塘 ⑮你酢 ⑯泥勒莫 ⑰青糠底 ⑱土锅寨 ⑲白竹箐 ⑳大黑山 ㉑阿白列 ㉒凉水箐 ㉓平掌 ㉔麻栗 ㉕大鲁白 ㉖水新大寨 ㉗舍依树	①465.42亩 ②168.97 ③417.06 ④292.54 ⑤288.35 ⑥664.24 ⑦141 ⑧79.05 ⑨86.1 ⑩344.84 ⑪103.28 ⑫32.08 ⑬62.43 ⑭273.36 ⑮434.47 ⑯55.45 ⑰71.56 ⑱39.71 ⑲141.84 ⑳154 ㉑48 ㉒101.48 ㉓117.01 ㉔77.14 ㉕724.39 ㉖68.59 ㉗353.73 ㉗442.77	6401.3
④大青乡	①甘棠 ②季拉里 ③公山 ④邛玉秧 ⑤冲鸟山 ⑥高粱冲 ⑦大闹口	①321.19 ②315.05 ③73.55 ④324.64 ⑤20.45 ⑥1048.26 ⑦756.16	2859.3
⑤丁顺乡	①松槽时郎 ②小丁苴 ③大石头 ④奋拉莫 ⑤你克白克 ⑥撮虫河	①502.11 ②380.55 ③87.51 ④129.36 ⑤39.8 ⑥92.69	1232.02

杨武坝倮倮服饰调查记录

尺寸：长 22.7 厘米，宽 14.1 厘米

杨武坝倮倮祭祖习俗调查记录

尺寸：长 22.7 厘米，宽 14.1 厘米

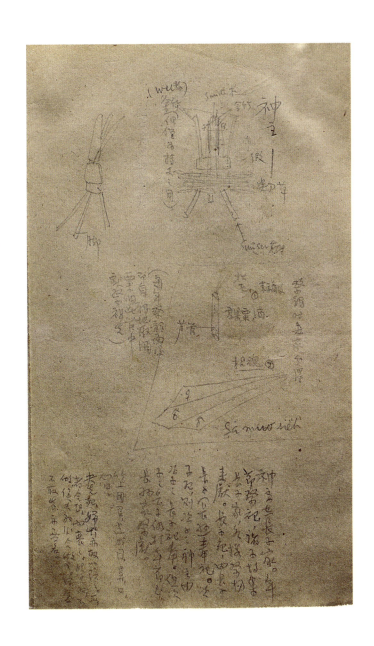

杨武坝倮倮居住习俗调查记录

尺寸：长 22.7 厘米，宽 14.1 厘米

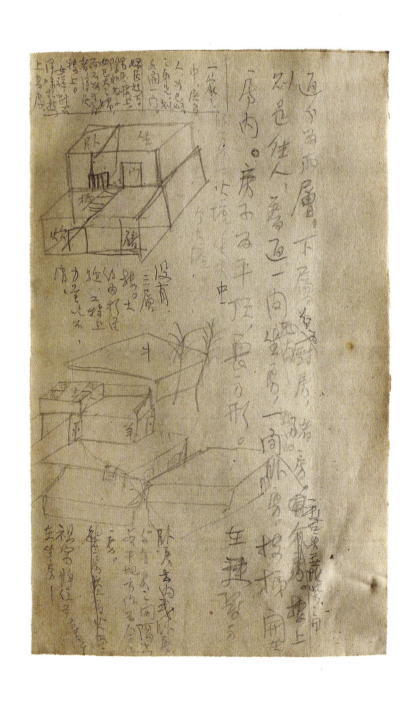

杨武坝宗教信仰习俗调查记录

———————

尺寸：长 28.2 厘米，宽 22.7 厘米

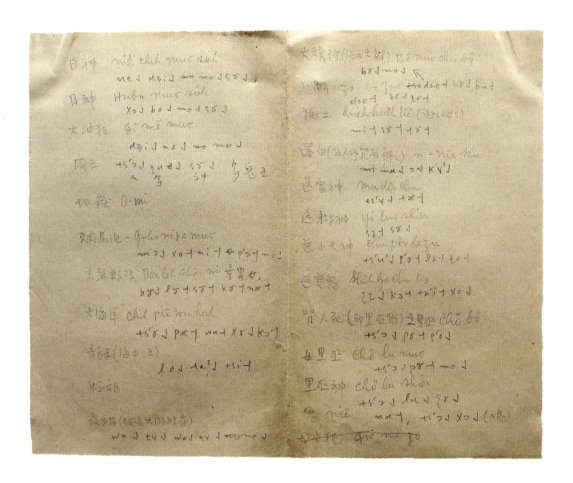

石佛铁路沿线民族调查资料 貳

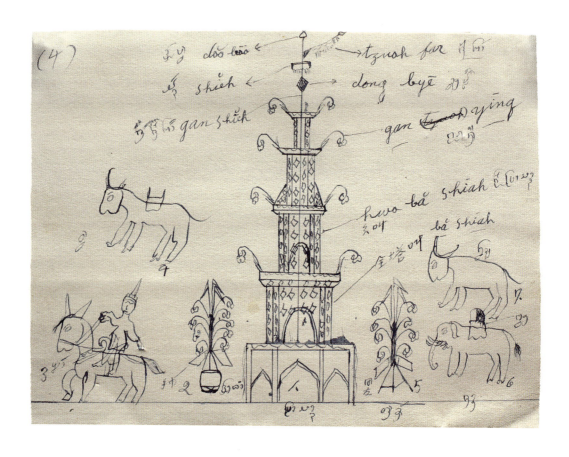

佛海摆夷调查资料图绘之车里景兰缅寺

尺寸：长18.1厘米，宽14.4厘米

佛海摆夷调查资料图绘之火代架

尺寸：长18.1厘米，宽14.4厘米

◎ 火代架用于安放烟花筒。

西南联大时期民族调查文书卷

摆夷文字粗纸抄

尺寸：长 37 厘米，宽 15 厘米

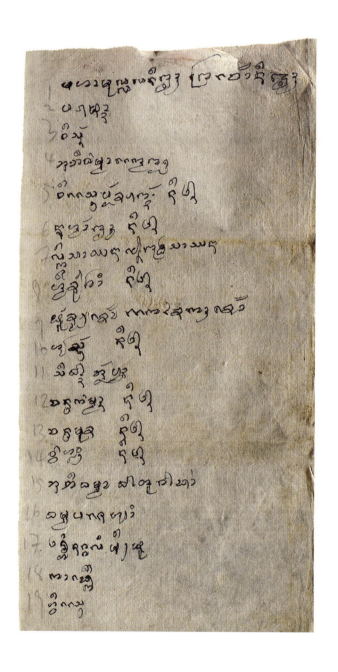

辫发与剪发习俗相关文献辑录卡片

尺寸：长 13.5 厘米，宽 9.2 厘米

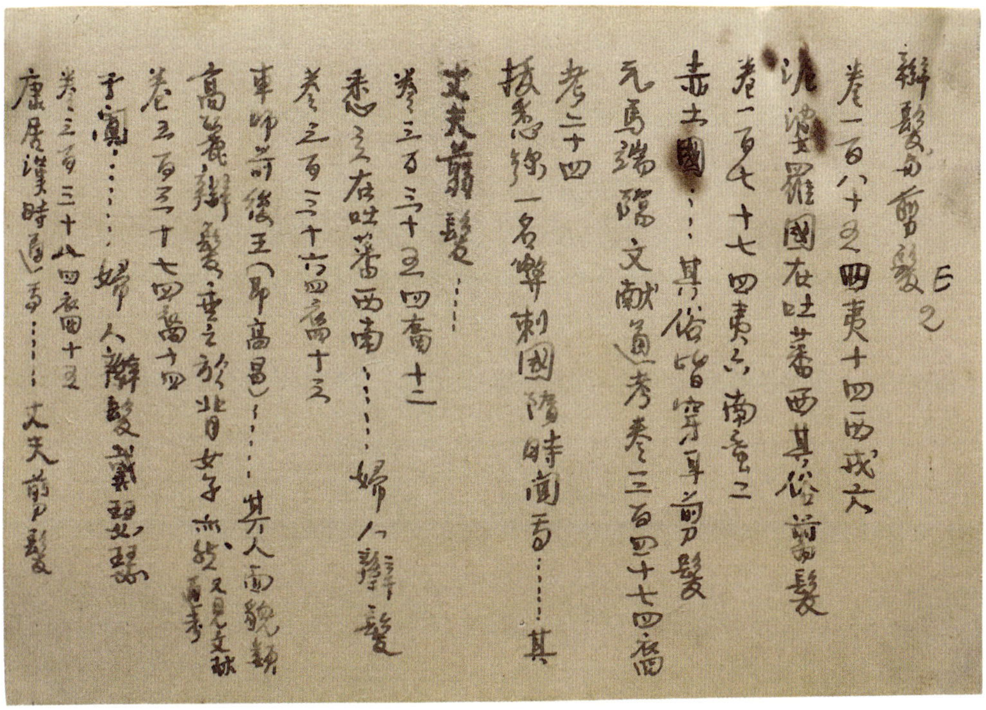
辮髮與剪髮 5之
卷一百八十三 四裔十四 西戎六
泥婆羅國在吐蕃西其俗翦髮
卷一百七十七 四裔六 南蠻二
赤土國……其俗皆穿耳翦髮
元馬端臨文獻通考卷三百四十七四裔
考二十四
拔悉彌一名弊剌國隋時聞焉……其
丈夫翦髮……
卷三百三十五 四裔十二
悉立在吐蕃西南……婦人辮髮
卷三百三十六 四裔十三
車師前後王（即高昌）……其人面貌類
高麗辮髮垂之於背女子亦然 又見文獻通考
卷三百三十七 四裔十四
于闐……婦人辮髮衣裘袴
卷三百三十八 四裔十五
康居漢時通焉……丈夫翦髮

纺机调查图纸

尺寸：长 26.8 厘米，宽 20 厘米

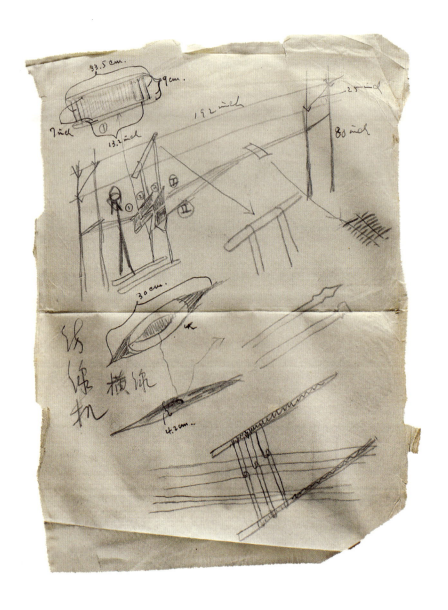

佛海摆夷调查资料图绘之宅院

尺寸：长 18.1 厘米，宽 14.4 厘米

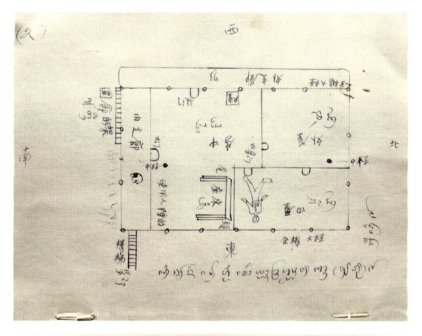

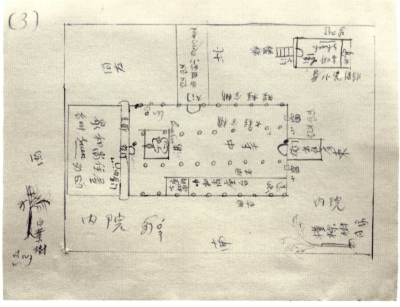

◎ 宅院主人是车里宣慰的招孟刚。

汉、白狼、纳西词汇对照表

尺寸：长 31.2 厘米，宽 25 厘米

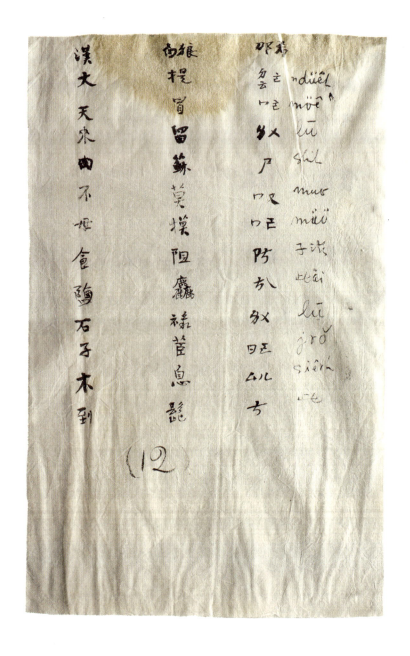

“猎头及食人”相关文献辑录卡片

尺寸：长 13.5 厘米，宽 9.2 厘米

R1
獵頭及食人。
隋書卷六四陳稜傳……流球
部……隋書……收取
鬭死者，共聚而食之，仍以髑髏向
王所，王則賜之以冠，使為隊帥。又……
俗事山海之神，祭以酒肴，鬭戰殺人，便將
所殺人祭其神。或依茂樹起小屋，或懸
髑髏於樹上，以箭射之，或累石繫幡以為神
主，王之所居，壁下多聚髑髏以為佳，
人間門戶，必安獸頭骨角……。
又南書琉球人……
春明夢餘錄……禮部考書受貢進使（明，應大桂？）
琉球……大明一統志……王所居壁下
多聚髑髏以為佳，臣等竊疑其此
言其國王光悍不可不言之也。正一王宮
外，通衢壁下，亦皆累石。國王循之
飛鋒為儀衛。又在彼數月，……不見
其有殺人以祭髑髏為佳哉？
是誌之所載皆訛也……
廣東通志卷三百三十 山廣 蠻
又有猺子巢居海曲，每歲一移，椎髻跣足
赤裸短褐，專欲娶人得一人頭即得多婦……

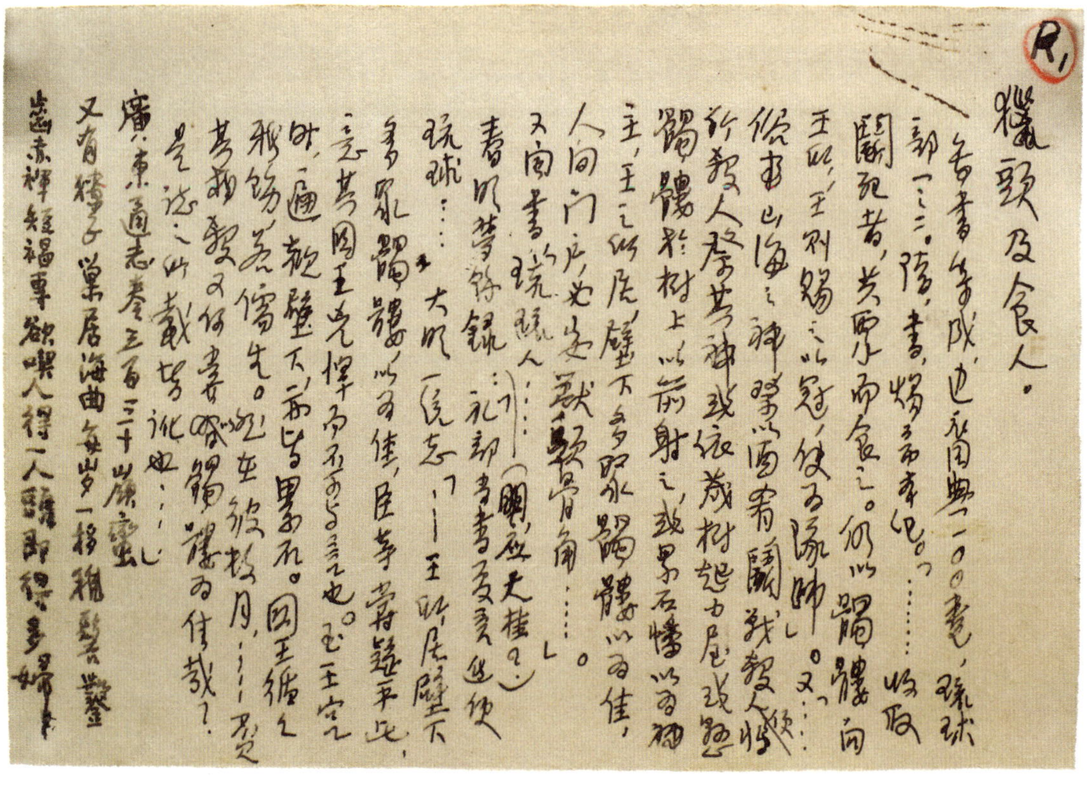

倮倮服饰调查记录

尺寸：长 26.1 厘米，宽 15.8 厘米

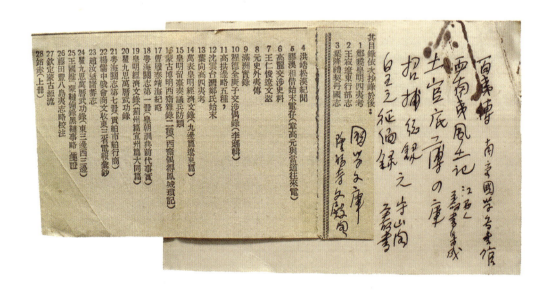

少数民族相关文献目录剪贴卡片

尺寸：长 18.8 厘米，宽 9.2 厘米

"罕司官" 纸抄

尺寸：长 24 厘米，宽 24.2 厘米

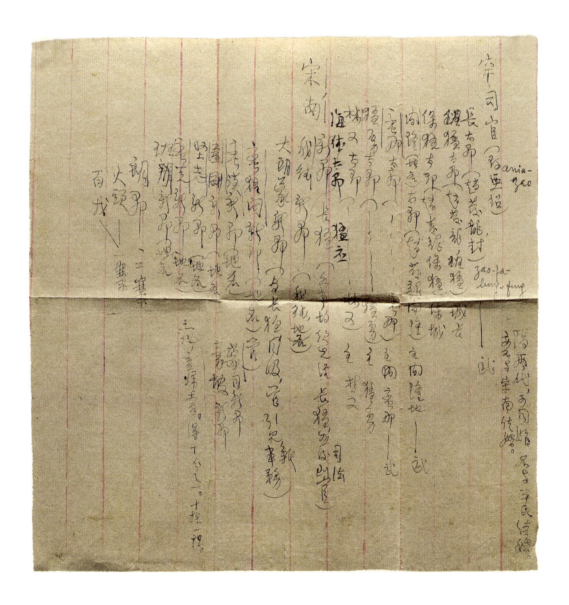

"鲁魁山大寨倮倮社会组织与信仰"
调查报告大纲

尺寸：长 22.8 厘米，宽 14 厘米

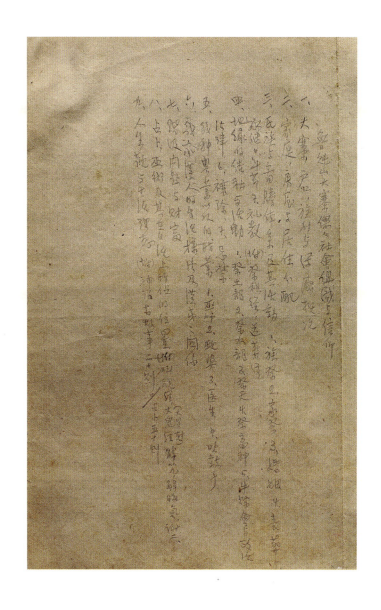

拉麻教神祇调查记录

1.尺寸：长23.5厘米，宽28.2厘米（半幅）
2.尺寸：长47厘米，宽28.2（全幅）

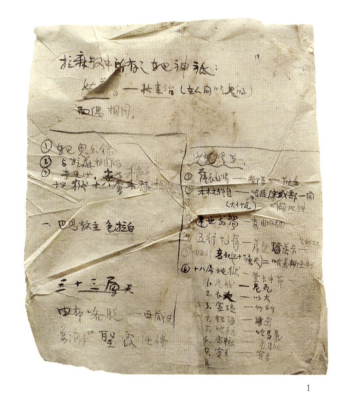

1

2

云南少数民族地区印章

车里宣慰司印

尺寸：印面边长 8.5 厘米

代办世袭猛海土把总之钤记

尺寸：印面长 7.9 厘米，宽 4.6 厘米

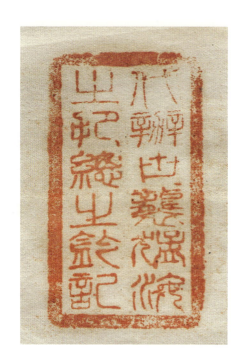

佛法僧宝

————

尺寸：印面边长 5.2 厘米

防守孟连下猛引土弁之钤记

————

尺寸：篆书印面长 9.2 厘米，宽 4.8 厘米
　　　楷书印面长 8.9 厘米，宽 6.1 厘米

鹿形印

尺寸：印面直径 4.9 厘米

日月山河图案印

尺寸：印面直径 3.9 厘米

狮形印

尺寸：印面直径 5 厘米

未识别印 1

尺寸：印面长 6 厘米，宽 5.7 厘米

未识别印 2

尺寸：印面长 9.9 厘米，宽 6.5 厘米

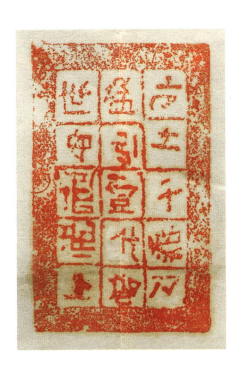

未识别印 3

尺寸：印面长 9.4 厘米，宽 6 厘米

西南联大时期民族调查文书卷

云南元江直隶州
世袭辕门土千总印

尺寸：印面边长 6.5 厘米

云南镇边直隶厅
世袭孟连宣抚司印

尺寸：印面边长 6.7 厘米

云南镇边直隶厅
下允土千总之印

尺寸：边长 6.5 厘米

"云南峨山县
　化念街的果摊"照片

尺寸：长 5.8 厘米，宽 5.6 厘米

"云南峨山县
　化念街的糖市"照片

尺寸：长 6 厘米，宽 5.8 厘米

"云南佛海坝子之
稻田"照片

尺寸：长5.7厘米，宽5.7厘米

"云南红河两岸雅台族之
村落"照片

尺寸：长10.6厘米，宽10.8厘米

"云南纳苏族出殡前的聚餐" 照片

尺寸：长 5.7 厘米，宽 5.7 厘米

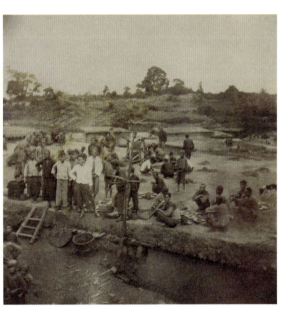

"云南普思区之水田"照片

————————

尺寸：长 10.8 厘米，宽 10.8 厘米

"云南新平县大寨纳苏族之
村落"照片

————————

尺寸：长 10.7 厘米，宽 10.7 厘米

"云南新平县杨武坝"
照片

尺寸：长 6 厘米，宽 5.7 厘米

◎ 杨武坝为通往滇西南的重要通道。

"云南新平县杨武坝街
子上的米线摊" 照片

尺寸：长 5.7 厘米，宽 5.7 厘米

"云南雅台族鱼篓及背篓"照片

尺寸：长 16.2 厘米，宽 11.2 厘米

"云南与缅甸接壤夏之田畴"照片

尺寸：长 10.8 厘米，宽 10.6 厘米

"云南沅江之剌台族
青年男子" 照片

尺寸：长 5.8 厘米，宽 5.8 厘米

"云南沅江之剌台族
青年女子" 照片

尺寸：长 5.8 厘米，宽 5.8 厘米

"纳苏族之打谷场"照片

尺寸：长 5.7 厘米，宽 5.7 厘米

"云南新平县大寨纳苏族之村落"照片

尺寸：长 10.7 厘米，宽 10.7 厘米

"纳苏族之白马巫师
念经祭鬼"照片

尺寸：长 5.7 厘米，宽 5.7 厘米

"纳苏族葬仪之出殡"照片

尺寸：长 5.8 厘米，宽 5.7 厘米

"纳苏族织布女"照片

尺寸：长5.8厘米，宽5.7厘米

"纳苏族捉虱子"照片

尺寸：长5.7厘米，宽5.7厘米

"剌台族之村落"照片

尺寸：长 10.7 厘米，宽 10.7 厘米

"摆夷族所用竹制饭盒"照片

尺寸：长 20 厘米，宽 8.9 厘米

"剌台族老年男子"照片

尺寸：长5.8厘米，宽5.8厘米

"雅台族女服"照片

尺寸：长5.8厘米，宽5.6厘米

"红河渡口" 照片

尺寸：长 10.7 厘米，宽 10.7 厘米

"红河岸边" 照片

尺寸：长 5.3 厘米，宽 5.3 厘米

"雅台族村落周边之
　槟榔树"照片

尺寸：长 5.9 厘米，宽 5.6 厘米

"槟榔园在红河边"照片

尺寸：长 10.6 厘米，宽 10.6 厘米

"驮牛运输" 照片

尺寸：长 5.7 厘米，宽 6 厘米

"白马巫师" 照片

尺寸：长 5.7 厘米，宽 5.7 厘米

◎ 背上的灵符是白马巫师唯一的标记。

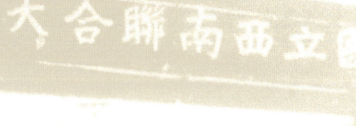

川康地区民族调查资料

　　1936年秋，中央研究院和中央博物院合组四川民族调查团，由马长寿、赵至诚、李开泽三人组成，赴大、小凉山彝族地区调查，至次年6月止。1939年2月，仍由上述三人组成川康考察团，继续赴大、小凉山调查，一直到1940年4月为止。调查期间，赵至诚向亦师亦友的陶云逵邮寄了诸多川康地区的少数民族调查资料，其中包含了大量翔实的手绘图，为我们直观地认识当时少数民族的物质文化生活提供了宝贵的资料，具有重要的学术价值，本单元就是赵至诚向陶云逵寄赠的川康地区民族调查资料的初步展示。

西南联大时期民族调查文书卷

赵至诚向陶云逵寄赠
调查资料图绘所用之信封

尺寸：长 22 厘米，宽 16 厘米

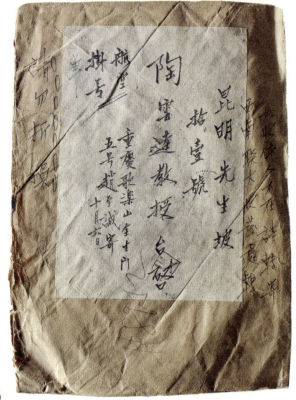

大凉山调查资料图绘之漆画纹饰

尺寸：长 13.2 厘米，宽 7.1 厘米

尺寸：长 10 厘米，宽 6.7 厘米

尺寸：长 8.7 厘米，宽 7.1 厘米

尺寸：长 8.6 厘米，宽 7 厘米

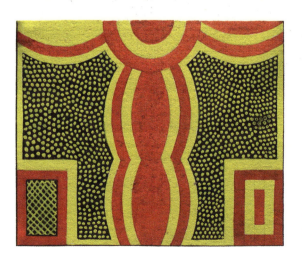 

尺寸：长 9.6 厘米，宽 6.6 厘米

尺寸：长 11.8，宽 8 厘米

尺寸：长 8.8 厘米，宽 8 厘米

尺寸：长 17.7 厘米，宽 9.6 厘米

尺寸：长 13.1 厘米，宽 8.2 厘米

尺寸：长 10.3 厘米，宽 8.8 厘米

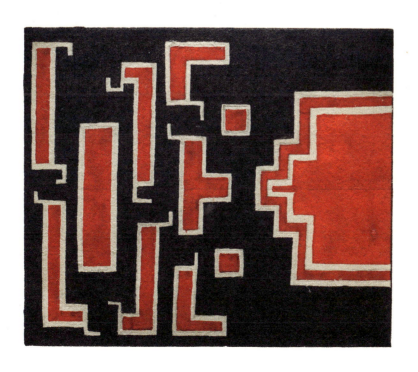

尺寸：长 7.9 厘米，宽 7.9 厘米

尺寸：长 7.9 厘米，宽 7.9 厘米

大凉山调查资料图绘之鸡股骨

尺寸：长 12.3 厘米，宽 8.7 厘米

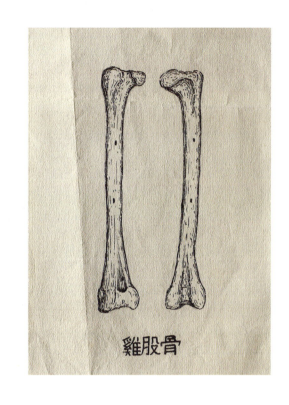

大凉山调查资料图绘之室内陈列

尺寸：长 22.6 厘米，宽 14.2 厘米

大凉山调查资料图绘之项饰

————————

尺寸：长 19.2 厘米，宽 9.3 厘米

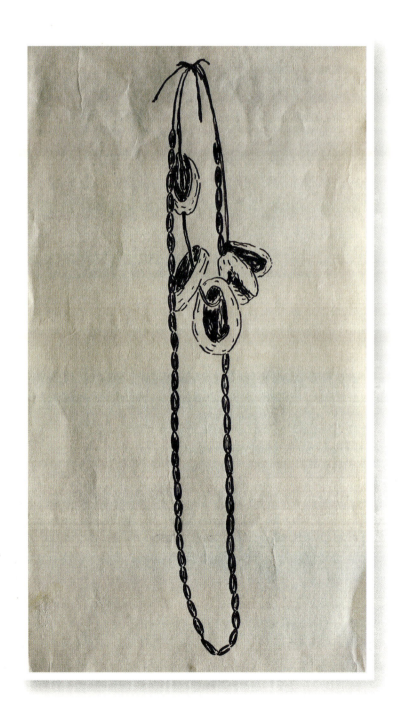

大凉山调查资料图绘之织机

尺寸：长 19.2 厘米，宽 6.2 厘米

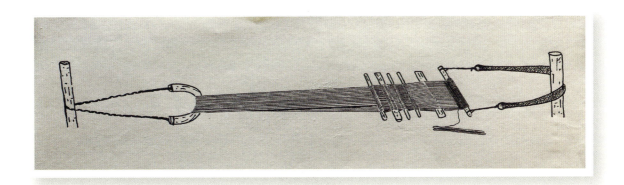

大凉山调查资料图绘之竹盒

尺寸：长 16.2 厘米，宽 12.2 厘米

大凉山调查资料图绘之竹筐

————

尺寸：长 12.5 厘米，宽 12.2 厘米

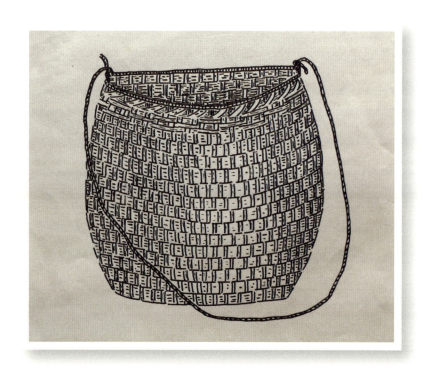

大凉山调查资料图绘之竹篓

————

尺寸：长 17.6 厘米，宽 14.2 厘米

大凉山调查资料图绘之竹篾编织方式

尺寸：长 13.6 厘米，宽 4.6 厘米

尺寸：长 11.1 厘米，宽 2.9 厘米

尺寸：长 12.6 厘米，宽 4.8 厘米

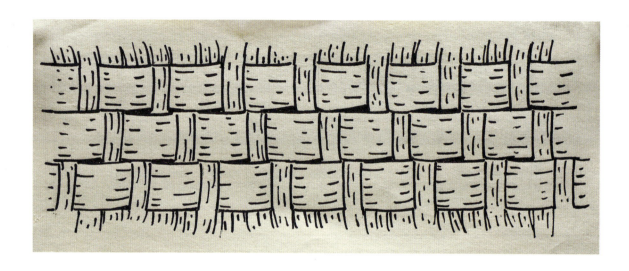

尺寸：长 13.3 厘米，宽 4.1 厘米

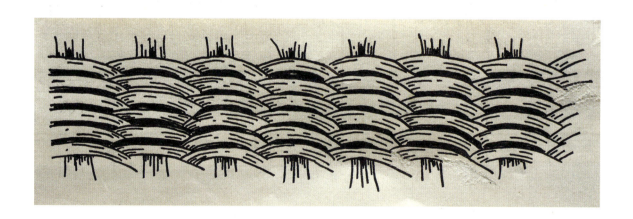

大凉山调查资料之服饰图案纹样

尺寸：长 11.9 厘米，宽 5.5 厘米

尺寸：长 14.8 厘米，宽 11.6 厘米

尺寸：长 11.6 厘米，宽 9.4 厘米

尺寸：长 13.2 厘米，宽 12.8 厘米

尺寸：长 18 厘米，宽 13.5 厘米

尺寸：长 16 厘米，宽 11.2 厘米

尺寸：长 25.4 厘米，宽 12.3 厘米

尺寸：长 21.7 厘米，宽 13.5 厘米

尺寸：长 29.7 厘米，宽 20.9 厘米

尺寸：长 27.5 厘米，宽 18.4 厘米

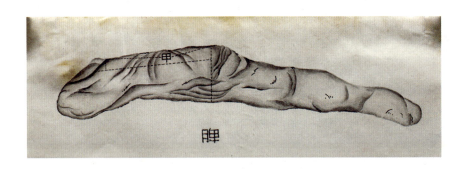

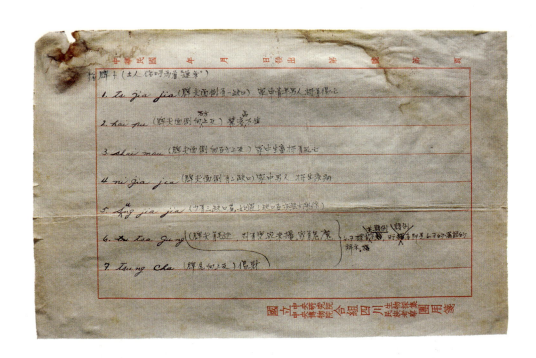

西康地区"猪脾卜"调查资料

尺寸：长 20.4 厘米，宽 6.2 厘米

尺寸：长 27.6 厘米，宽 17.3 厘米

西康地区苗族衣边挑花花纹纹饰图绘

———————
尺寸：长 16.9 厘米，宽 10.3 厘米

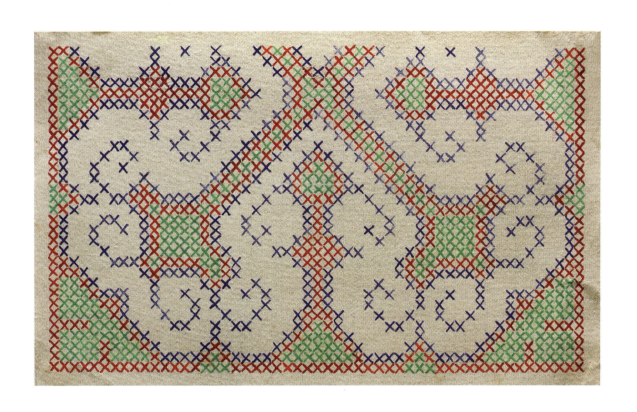

尺寸：长 11 厘米，宽 5.6 厘米

尺寸：长 13.6 厘米，宽 7.6 厘米

尺寸：长 14.6 厘米，宽 7 厘米

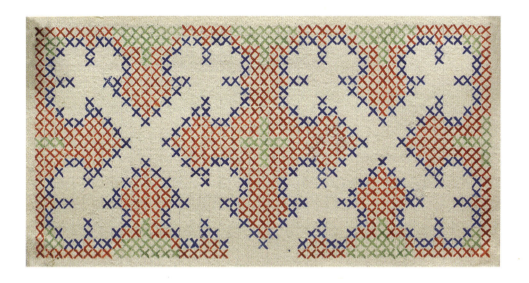

尺寸：长 10 厘米，宽 4.5 厘米

尺寸：长 10.5 厘米，宽 5.3 厘米

尺寸：长 12.1cn，宽 6.4 厘米

尺寸：长 15.8 厘米，宽 10.6 厘米

盐边县栗粟服饰挑制花纹图绘

尺寸：长 9.6 厘米，宽 7.8 厘米

盐边县栗粟族地弩相关调查资料

尺寸：长 15.2 厘米，宽 10.3 厘米

Subject: 盐边栗粟　　No.: 1.

地弩；

1. 弩身（大小与怒江栗粟用的弩同）
2. 3. 架木棍（架弩木棍）
4. 装在弩身右侧一尖形棍（不能摇动）
5. 竹竿，一端埋在地上，一端拴细索与番6連。（由番6的牽拉~~此竿~~在箭未發前，此竿成弓形。）（富有弹力）
6. 舌形木片，一端浮壓在番4之下，一端自番7下方通過穿浮置在番8之上，舌之中腰有細繩拴起，与番5相連。
7. 橢圓形竹圈，圈尾与番9相連，~~番7上，浮置一小木棍（即番8）~~番8亦浮置於此圈上。
8. 細竹棍，浮擺在番7上，番6之尖端復浮擺在這棍上。
9. 長繩一条，一端与番7連，一端与番11連。
10. 木棍，下端埋在地上。

Subject:　　No.:

栗粟狩獵用的地弩，須依獸的高矮而定。
捕殺麂的弩較矮，獵者架裝弩時，弩的高度是以胳膊（合拳）作標準（請見番B.）據獵者談，用胳膊定弩的高矮，箭可射中麂的胸腹部。
因獵者（連胳膊在內，不合拳）以手之中指尖作標準（請見A番）則箭可射中猴熊胸腹部。（因猴熊的身体高矮相同）

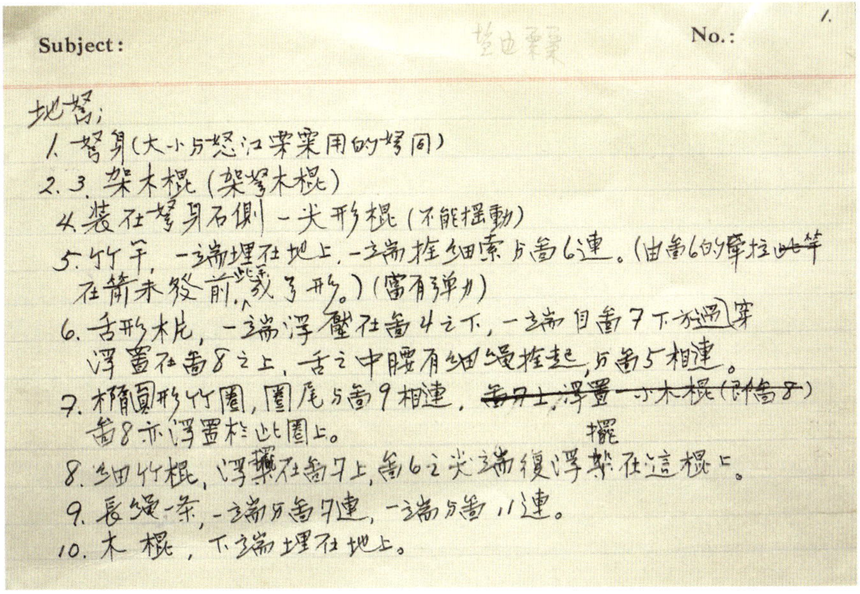

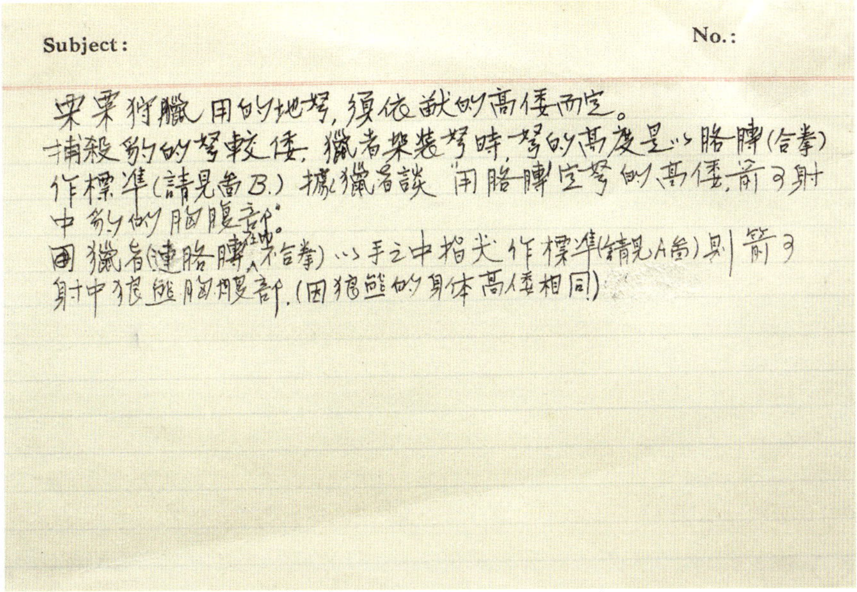

西南联大时期民族调查文书卷

尺寸：长 18.1 厘米，宽 13.6 厘米

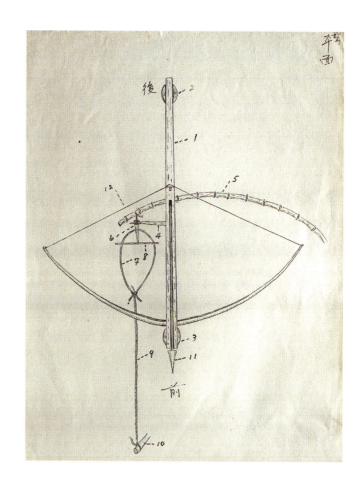

尺寸：长 20.2 厘米，宽 13.8 厘米

盐边县栗粟族扫脚棍相关调查资料

尺寸：长 23.6 厘米，宽 20.8 厘米

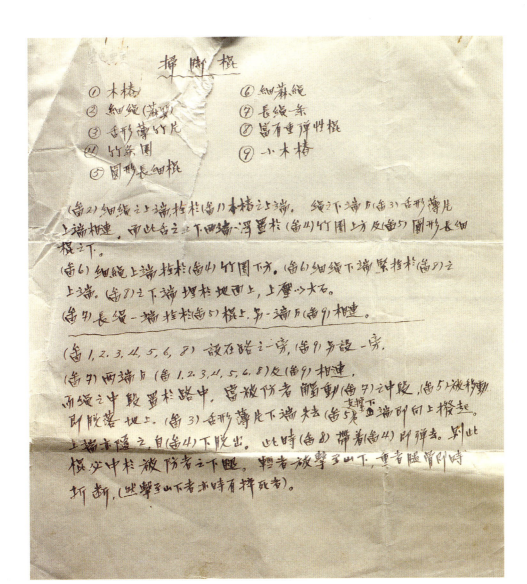

尺寸：长 20.3 厘米，宽 17.5 厘米

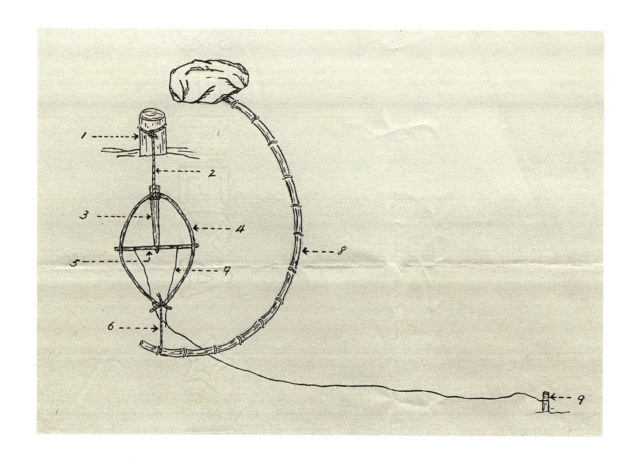

盐边县少数民族调查资料之房屋

尺寸：长 24.4 厘米，宽 7.5 厘米

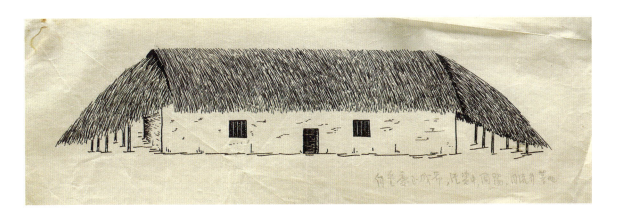

盐边县少数民族调查资料之
钟表摆针

尺寸：长 19.2 厘米，宽 13.3 厘米

尺寸：长 21.5 厘米，宽 14.9 厘米

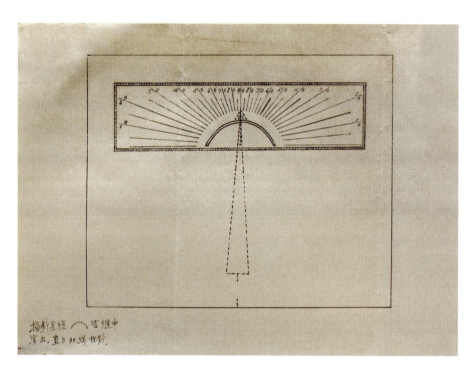

尺寸：长 21.5 厘米，宽 14 厘米

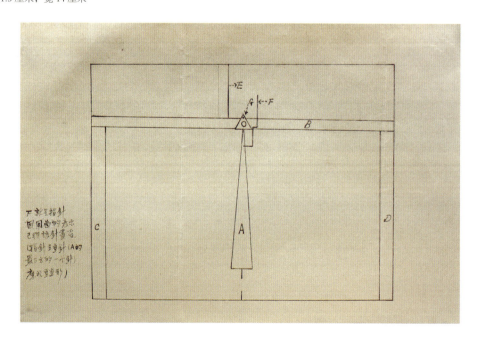

盐边县少数民族调查资料
之舟船

————————

尺寸：长 20.4 厘米，宽 12.5 厘米

盐边县调查资料之口琴

————————

尺寸：长 20.5 厘米，宽 9.6 厘米

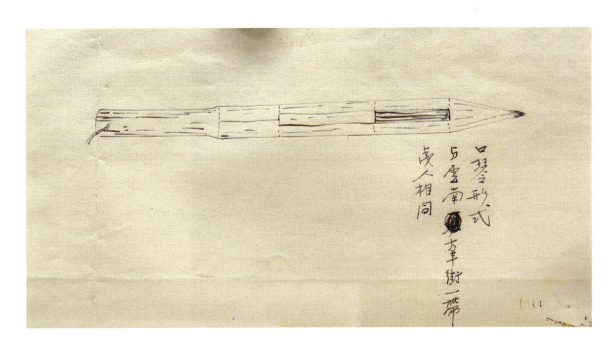

茂县羌民刻木图绘

1. 尺寸：长 6.5 厘米，宽 6 厘米，2. 尺寸：长 6.5 厘米，宽 6.1 厘米
3. 尺寸：长 6.8 厘米，宽 4.7 厘米，4. 尺寸：长 12.9 厘米，宽 11.9 厘米

◎ 刻木图绘为巫师消病驱鬼之用。

1　　　　　　　　　　2　　　　　　　　　　3

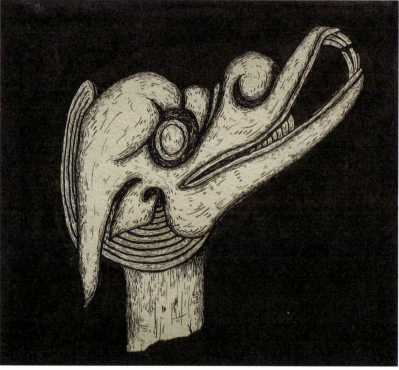

4

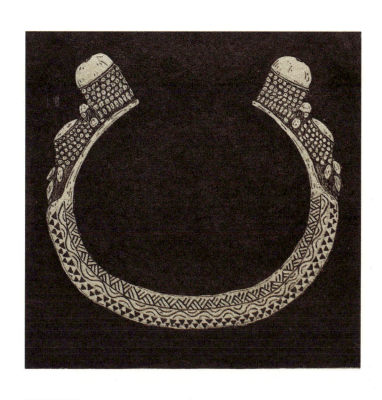

松潘县少数民族腕饰图绘

尺寸：长 7.6 厘米，宽 7.8 厘米

◎ 富者男女皆以此为饰。

尺寸：长 12.1 厘米，宽 9.3 厘米

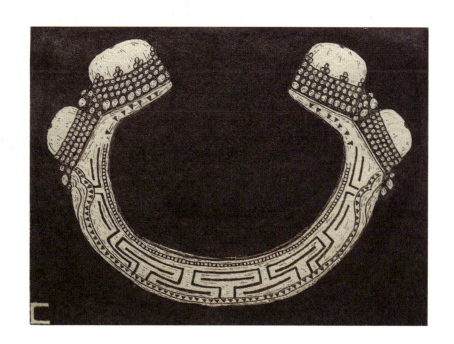

松潘县少数民族银制经包图绘

尺寸：长16.8厘米，宽14.6厘米

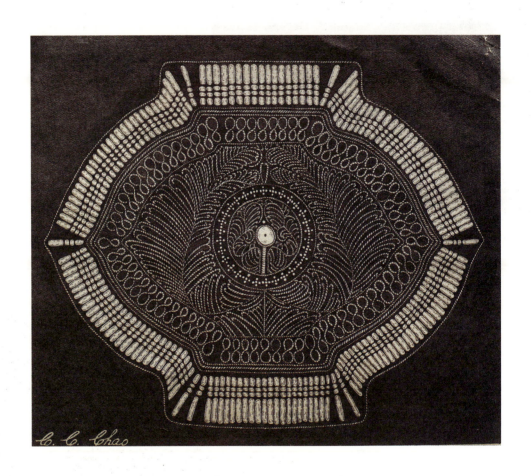

◎ 贵族以此悬于胸前。图示为经包正面花纹。

尺寸：长 13.7 厘米，宽 13.7 厘米

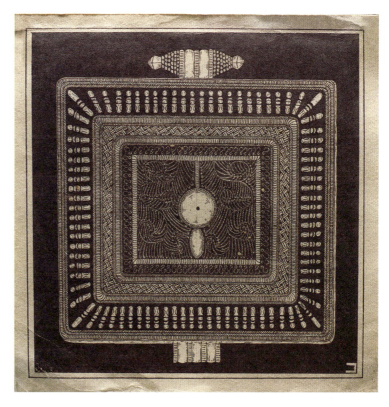

尺寸：长 15.3 厘米，宽 15.3 厘米

栗粟族跳舞姿势表之六脚舞

尺寸：长 19.8 厘米，宽 13.7 厘米

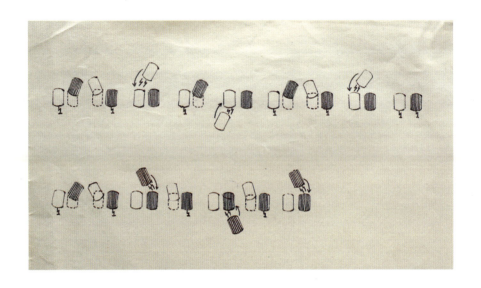

栗粟族跳舞姿势表之慢三脚舞

尺寸：长 19.8 厘米，宽 13.7 厘米

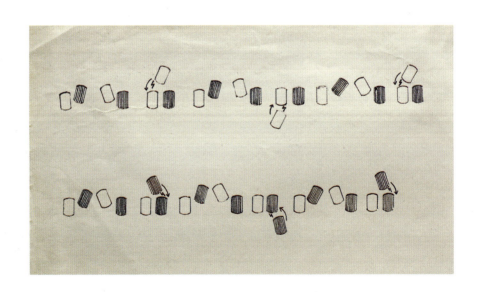

栗粟族跳舞姿势表之平跳舞

尺寸：长 19.8 厘米，宽 13.7 厘米

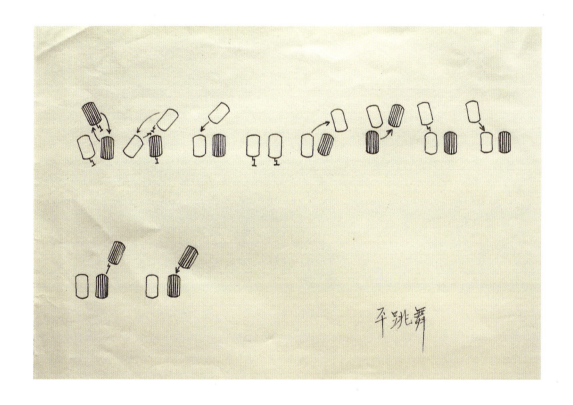

傈僳族"打木刻"调查资料

尺寸：长 15.1 厘米，宽 10.3 厘米

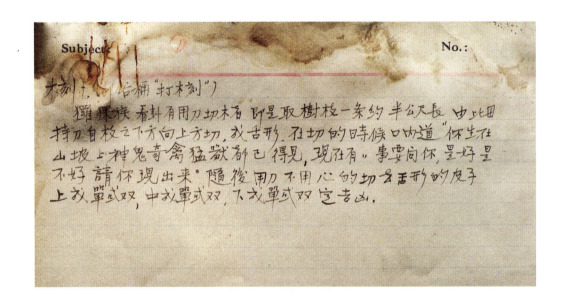

尺寸：长 18 厘米，宽 11.6 厘米

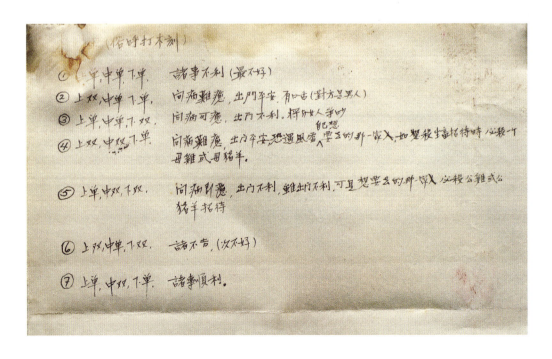

尺寸：长 23.3 厘米，宽 21 厘米

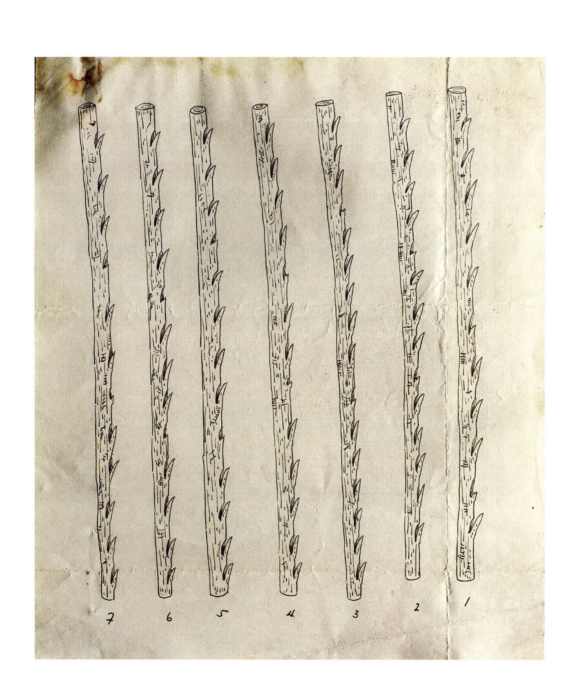

中缅边界地区民族调查资料

1934年10月，时在中央研究院就职的陶云逵与凌纯声、赵至诚、勇士衡等赴云南中缅边界地区进行民族调查。自1934年秋至1936年春，他与赵至诚为一组，调查区域为东南至麻栗坡、河口，南至普洱、澜沧，西至腾越、泸水，北至兰坪、丽江、维西，任务为考察边疆人种及语言。此次调查注意采用先进的仪器设备，利用当时已有的先进手段进行田野调查，以更全面地搜集资料。尽管这次调查的初衷是研究人种，但由于此次工作的性质，他却关注到了大量"人种"以外的文化事项。因此，本单元对这次调查成果的展示时，除了涉及人种调查资料外，更多的是少数民族社会历史文化调查资料。

陶云逵滇缅边界地区民族调查资料统计表

尺寸：长 27.7 厘米，宽 21.4 厘米

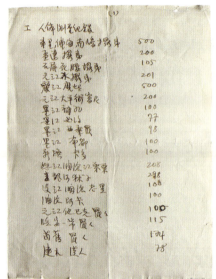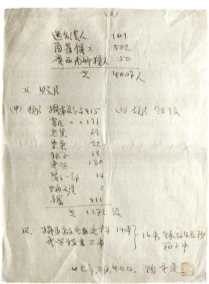

少数民族体质调查数据演算稿

尺寸：长 18.2 厘米，宽 12.4 厘米

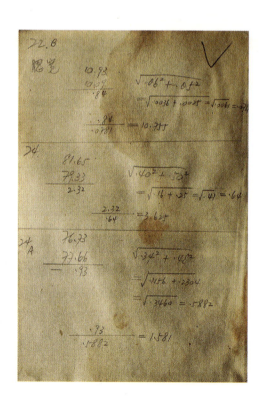

孟连刀氏体质人类学调查登记表

尺寸：长 32.9 厘米，宽 20.6 厘米

墨江西魔倮体质人类学调查登记表

尺寸：长 34.5 厘米，宽 21.7 厘米

西南联大时期民族调查文书卷

"窝尼、栗粟"相关古文献资料辑录

尺寸：长 28.7 厘米，宽 25.5 厘米

元史地理志四　　開南州　州在路西南其川分十二皆撲和泥二蠻所居也

威遠州　州在河南州西南其川有六皆撲和泥二蠻所居

清毛奇齡雲南蠻司志

車里為佧泥路燈湳刺里角諸蠻種居

南安州鄉老言本州俱係羅羅和泥烏蠻頭領成性

鈕元五隆二寨尒以其地皆和泥近其首任名陀比朝貢至京留奏其地亜蠻功

設官授職以鎮其眾

清倪蛻滇雲歷年傳

吉蠻名也尒其土地東至元江南至車里西至威遠北至思陀自白北二十六

"阿卡"油纸地图

尺寸：长 25.6 厘米，宽 19.1 厘米

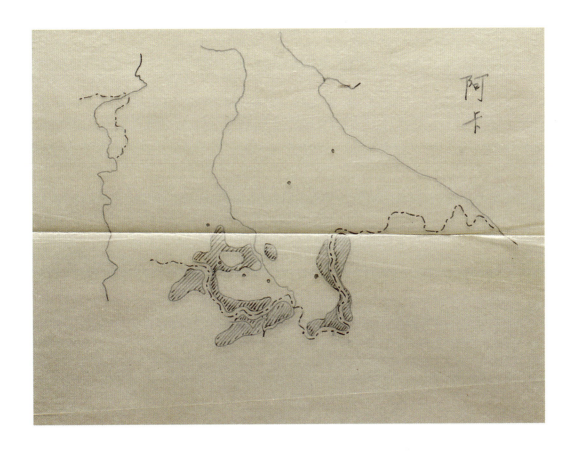

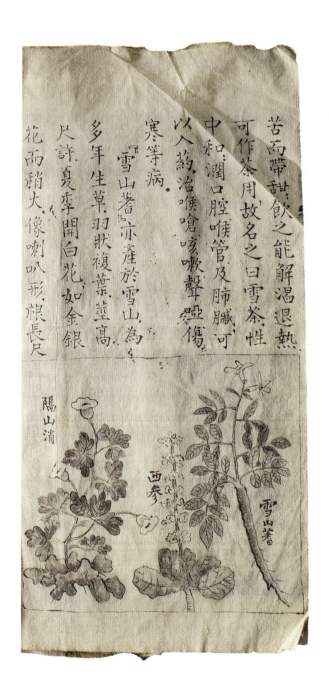

丽江风物资料

尺寸：长26厘米，宽15厘米

苦而帶甜，飲之能解渴退熱，
可作茶用，故名之曰雪茶，性
中和，潤口腔喉管及肺臟，可
以入藥，治咽喉嗆咳，嗽聲啞傷
寒等病。

"雪山菁"亦產於雪山，為
多年生草，羽狀複葉，莖高
尺許，夏季開白花，如金銀
花而稍大，像喇叭形，根長尺

隔山消

西参

雪山菁

丽江木氏宦谱比较表

尺寸：长 84 厘米，宽 50 厘米

丽江"木氏归命"题字照片

尺寸：长 10.2 厘米，宽 6.8 厘米

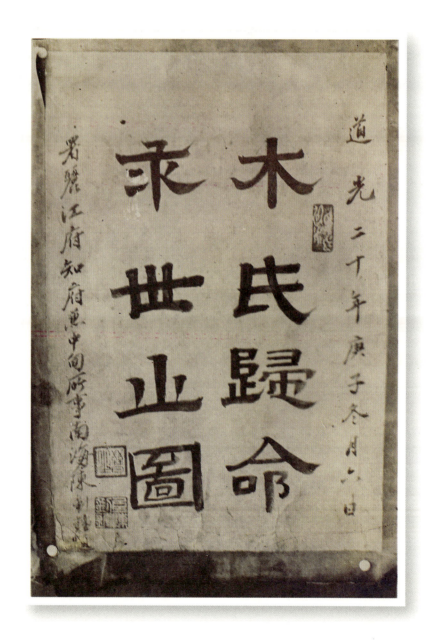

丽江“木氏官谱后序”照片

尺寸：长 20 厘米，宽 14.1 厘米

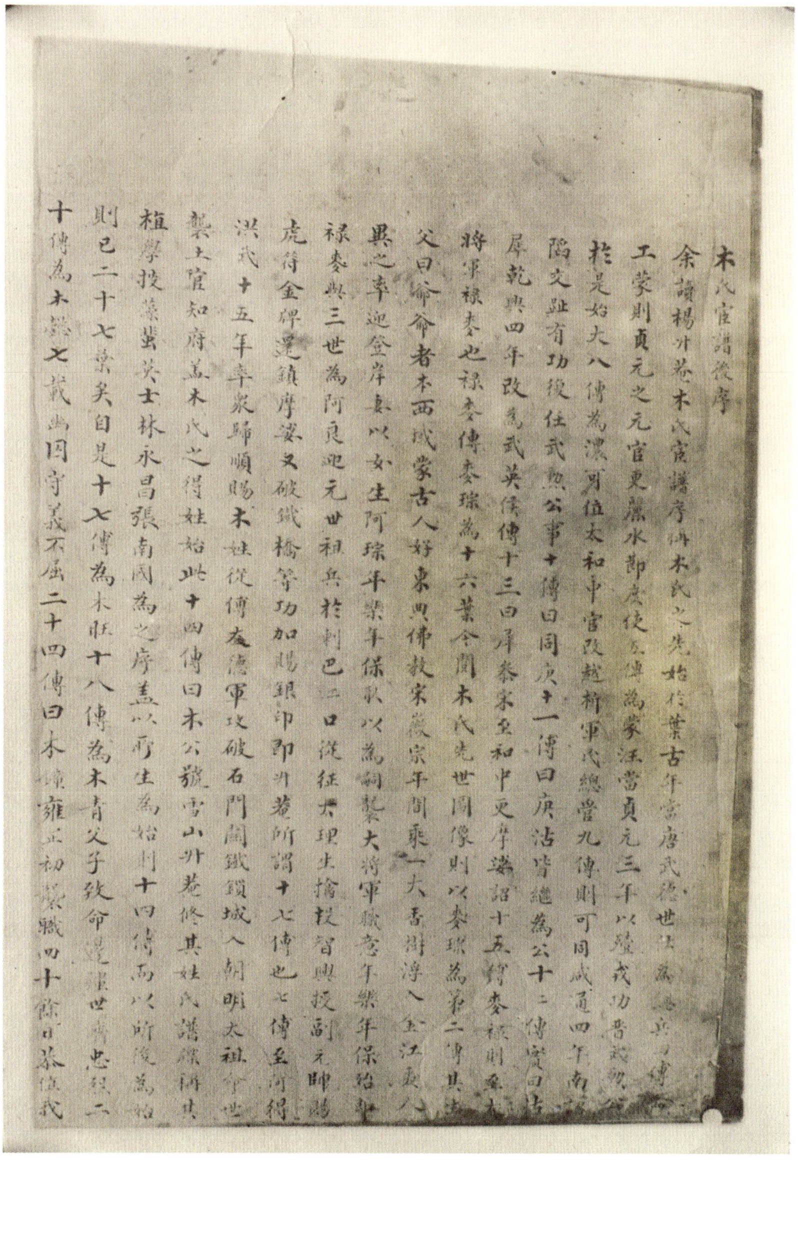

木氏官譜後序

余讀楊升菴木氏宦譜序稱木氏之先始於葉古年當唐武德世[illegible]傳
工蒙則貞元之元官東瀘水部度使五傳爲蒙汪當貞元三年以殲戎功晋越[illegible]
於是始大八傳爲渼則位太和中官改越析軍民總管九傳則可同咸通四年南[illegible]
詔文趾有功授任武烈公事十傳曰同庆十一傳曰庚沽皆總爲公十二傳實曰古
屏乾興四年改爲武英侯傳十三曰牟眷宋至和中更牟蹉詔十五傳麥袂則桑[illegible]
將軍祿麥也祿麥傳麥琮爲十六葉今聞木氏先世圖像則以麥琮爲第二傳其[illegible]
父曰爺爺者本西域蒙古人好東典佛教宋徽宗年間乘一大香樹浮入金江夷人
異之率迎登岸長以女生阿琮牟㮈牟保猷以爲嗣繫大將軍猷意牟㮈牟保[illegible]
祿麥與三世爲阿良迎元世祖兵於刺巴江口從征大理生擒段智興授副元帥賜
虎符金牌還鎮摩娑又破鐵橋等功加賜銀印即升菴所謂十七傳也七傳至阿得
洪武十五年率衆歸順賜木姓從傅友德軍攻破石門關鐵鎖城入朝明太祖命世
襲土官知府爲木氏之得姓始此十四傳曰木公號雪山升菴修其姓氏譜牒稱其
植學技藻蜚英士林永昌張南園爲之序蓋以所生爲始則十四傳而以所從爲始
則已二十七葉矣自是十七傳爲木旺十八傳爲木青父子致命邊疆世濟忠貞二
十傳爲木懿七載幽囚守義不屈二十四傳曰木鍾雍正初繳職四十餘日恭依我

丽江木氏宦谱之一世考照片

尺寸：均为长 10.2 厘米，宽 6.8 厘米

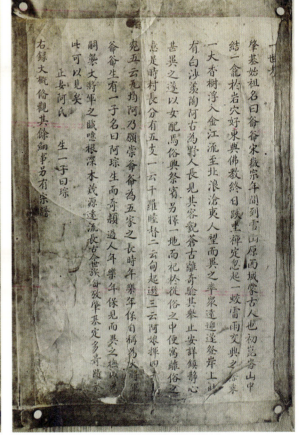

丽江"民族革命先进者阿知立的轶事"稿

尺寸：长 26 厘米，宽 15 厘米

民族革命先进者阿知立的轶事

阿知立前清康熙時人，係麗江白沙土住，為人倜儻有奇才，喜歡做任俠好義的事。

當時麗江的統治權，屬於土知府，該土府木鍾窮奢極欲厚斂於民，每年苛派金以數萬計，民不堪命，全郡人民在土司積威壓抑之下，無人敢作上訴的舉動。阿知立目覩土民的困苦勃然，土司的暴惡憤恨填胸，決心與木鍾奮鬪，自願做民眾的代表，逃出境到滇垣，向總督府控萬惡土司木鍾的罪條，並請願改土設流，以抒民困，而木鍾偏賂各司事，將土民代表阿知立的訴狀，

耿马土司历代本事纪

尺寸：长 59.7 厘米，宽 26.3 厘米

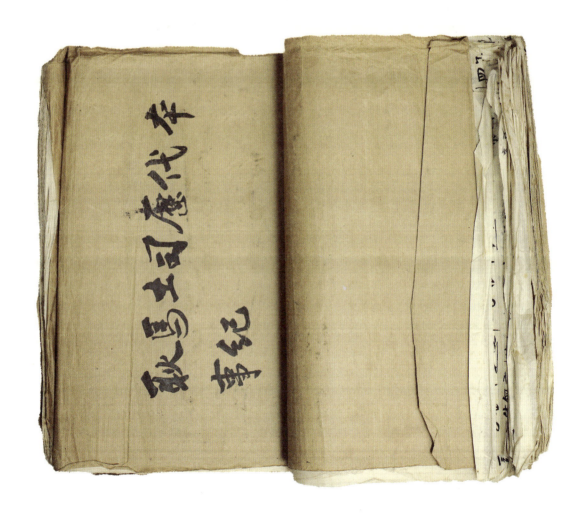

麽些族羊骨卜文字

尺寸：长 30.5 厘米，宽 19.5 厘米

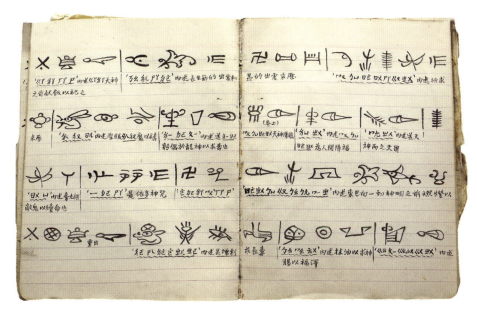

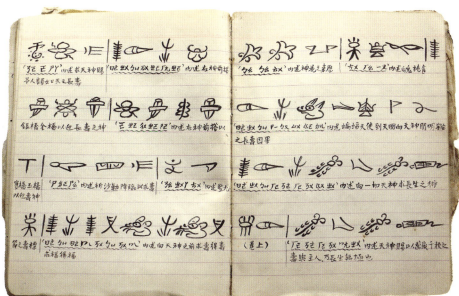

麽些族羊骨卜之上类炙象

尺寸：长 6.1 厘米，宽 4.9 厘米

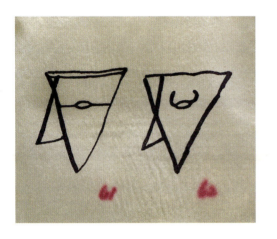

麽些族羊骨卜之中类炙象

尺寸：长 5 厘米，宽 5 厘米

麽些族羊骨卜炙象图绘

尺寸：长 27 厘米，宽 18 厘米

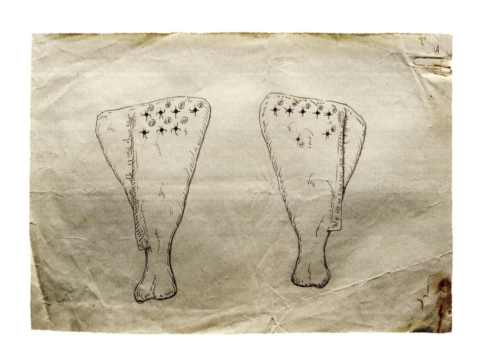

麽些族羊肩胛骨卜书原文稿

尺寸：长 26.2 厘米，宽 22.6 厘米

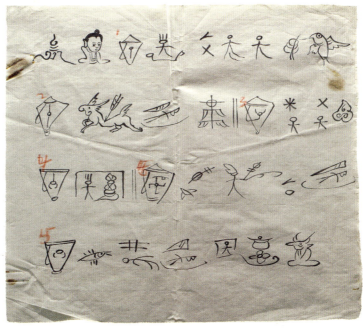

俅子杀牺祭祀照片

尺寸：长 13.5 厘米，宽 10.1 厘米

尺寸：长 13 厘米，宽 9.6 厘米

车里摆夷男子全体文身分布图

————————

尺寸：长28.3厘米，宽15.2厘米

车里摆夷文身之 *Ayiou*

尺寸：长 24.7 厘米，宽 14.5 厘米

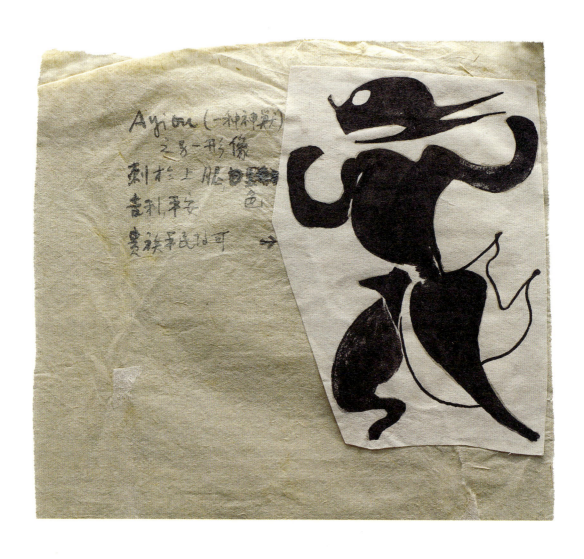

◎ *Ayion*，一种神兽，刺于腰背，吉利平安，贵族平民均可用。

车里摆夷文身之 *Hora man*

尺寸：长 26.9 厘米，宽 20.9 厘米

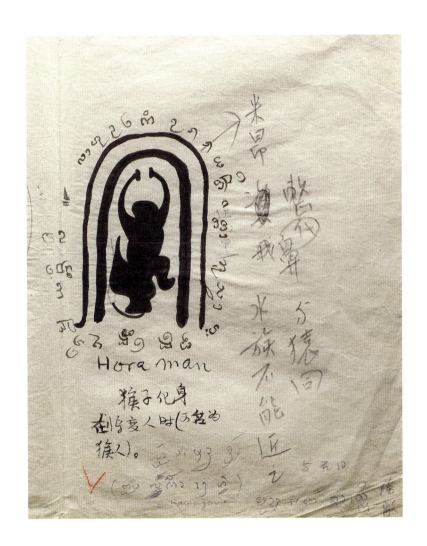

◎ *Hora man* 纹身图案为猴子的化身，刺于头、手、胸、腰、上腿。

车里摆夷文身之 *Hratzasi*

尺寸：长 26.9 厘米，宽 20.9 厘米

◎ *Hratzasi*，一种麒麟，刺于腰、上腿。黑、红色均可，贵族用，平民不得用。

车里摆夷文身之 *yüang*

尺寸：长 26.9 厘米，宽 20.9 厘米

◎ *yüang*，一种水族动物，刺干头、手、胸、腰、上腿，象征吉利平安，贵族刺红色、平民刺黑色。

车里摆夷文身之广溜牢

尺寸：均为长 26.9 厘米，宽 20.9 厘米

◎ 以下是广溜牢五种不同的形象。

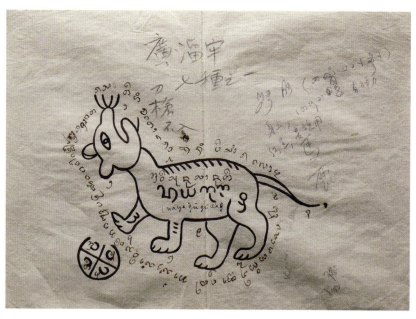

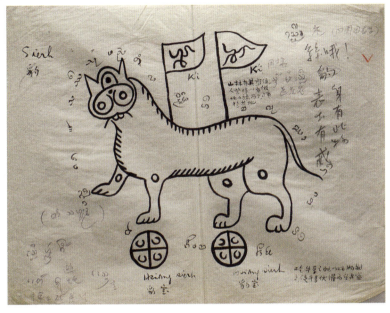

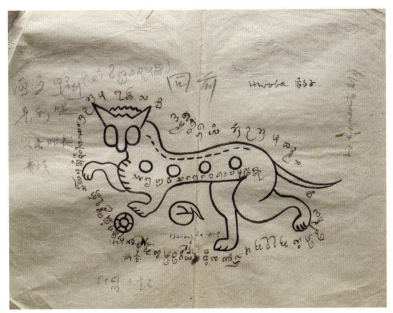

车里摆夷文身之花头狮子

尺寸：长 26.9 厘米，宽 20.9 厘米

◎ 狮子，刺于腰、胸、上腿，吉利平安，贵族用。

车里摆夷文身之竜头豹

尺寸：长 57.5 厘米，宽 53 厘米（此图为局部图）

车里摆夷文身之螺丝符

尺寸：长 57.5 厘米，宽 53 厘米（此图为局部图）

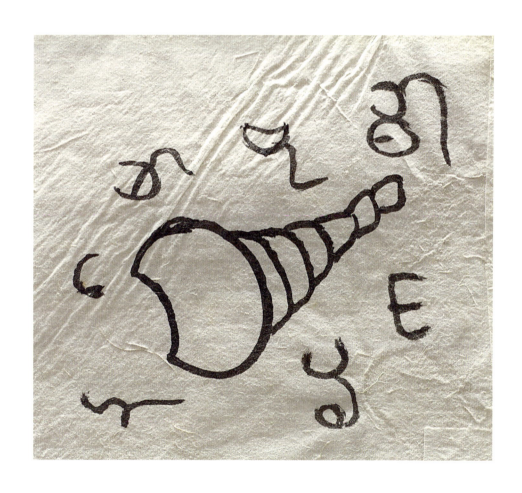

◎ 螺丝符，刺于臂、上腿，保所养牲畜平安，贵族平民均可用。

车里摆夷文身之麒麟

尺寸：长 29 厘米，宽 24.7 厘米

车里摆夷文身之有刺虎

尺寸：长 57.5 厘米，宽 53 厘米（此图为局部图）

◎ 有刺虎，贵族专用，刺于腰、胸、上腿、手，威慑民众。

车里摆夷文身之长命符

尺寸：长 10 厘米，宽 6.7 厘米

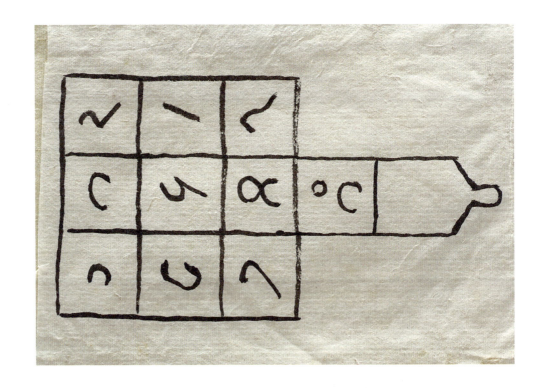

◎ 长命符，刺于胸、背、腰、臀，长命，贵族平民均可用。

车里摆夷文身之猪王

尺寸：长 57.5 厘米，宽 53 厘米（此图为局部图）

独龙族女子面部文身

尺寸：均为：长 13.6 厘米，宽 11.1 厘米

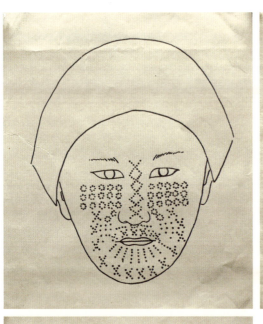
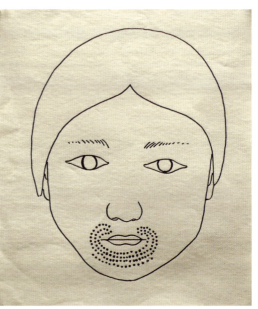

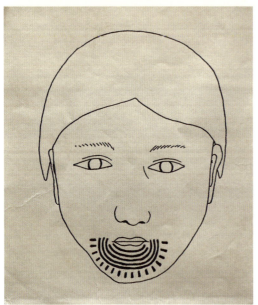

碧罗雪山栗粟调查
之村落照片

尺寸：长 12.5 厘米，宽 10.2 厘米

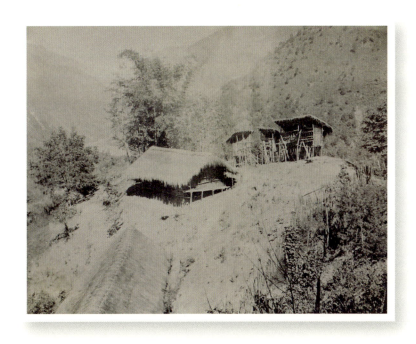

碧罗雪山栗粟调查
之独木舟照片

尺寸：长 12.8 厘米，宽 10 厘米

西南联大时期民族调查文书卷

碧罗雪山栗栗调查之
房屋照片

————————

尺寸：长 10.4 厘米，宽 7.8 厘米

碧罗雪山栗栗调查之
栗栗武装人员照片

————————

尺寸：长 7.8 厘米，宽 6 厘米

碧罗雪山栗粟调查之皮袋照片

尺寸：长 10 厘米，宽 6.6 厘米

碧罗雪山栗粟调查之
跳舞照片

尺寸：长 12.4 厘米，宽 9.8 厘米

附 录

陶云逵对云南少数民族民俗文化
的调查与研究

南开大学博物馆　梁金鹏

摘要：抗战时期，陶云逵深入云南，曾先后两次主持并参与了云南少数民族调查，他在调查过程中十分注重收集云南少数民族的神话、民间故事、宗教信仰、民族禁忌和民俗实物等民俗文化资料，并撰写了大量有关云南少数民族民俗文化的调查报告和研究文章，具有很强的民俗学意义，这是当代民俗学界比较忽略的。为了重新发现和认识陶云逵所做的民俗文化方面的调查与研究，本文结合南开大学博物馆馆藏的西南联大云南少数民族调查资料，通过对陶云逵在滇缅边界未定界地区和石佛铁路沿线的民族调查资料进行梳理和分析，认为陶云逵在调查和研究云南少数民族民俗文化期间十分注重实地调查与历史文献、少数民族口述资料相结合，重视对比研究的方法，并能紧密结合现实，为开发边疆和促进民俗学的研究由传统走向现代做出了贡献。

关键词：陶云逵　云南少数民族　民俗文化

　　陶云逵（1904—1944），江苏武进人，1924 年考入南开大学文科，1927 年赴德国，师从德国著名人类学家欧根·费舍尔，先后在柏林大学、汉堡大学攻读人类学、遗传学、民族学，获博士学位。回国后，陶云逵长期调查和研究云南少数民族文化，为中国现代著名的社会学家和人类学家，是西南边疆社会研究的拓荒者。抗日战争时期，国内大部分科学研究机构迁移至西南地区，云南成为最集中的地方。这一时期，集中在云南的民族学家、人类学家、社会学家、语言学家和民俗学家都利用本学科的理论方法对云南少数民族民俗文化做了详细调查与研究，陶云逵就是其中一员。他在对云南少数民族调查期间，非常注重对民俗文化的调查与研究，把自己的研究领域与云南少数民族的民俗文化结合在一起，其研究也从体质转向文化，注重对少数民族民俗文化的调查与研究，对研究云南少数民族民俗文化提供了丰富的参考资料，为保存云南少数民族民俗文化的"活化石"做出了不可磨灭的贡献。

　　民俗学与民族学、人类学关系密切，早期的一些民俗学的调查与研究，其中不少是民俗学家进行的，著名的民俗学家、民族学家杨成志认为"民俗学中的人类学派就是民族学家"[1]，民俗学与历史人类学的研究对象几乎一致，"从民俗学研究包括风俗习惯、民间祭仪、民俗文物、口头文学等来看，其物质文化部分是与历史人类学重合的"[2]。陶云逵在人类学、民族学、社会学、民俗学等领域均取得了显著成绩，然而回顾 20 世纪中国的社会学、类学和民俗学的发展历程，陶云逵的背影却十分模糊。其人其事落于纸表的大都是寥寥数笔，多是回顾民族学和人类学发展历程的专著和文章。陈永龄等简要分析了陶云逵的研究思想，认为陶云逵是中国民族学者中的德奥学派，并认为其主要应用"文化历史"的观点研究云南少数民族[3]。王建民在《中国民族学史》一书中简略提及了陶云逵在云南的少数民族调查，认为陶云逵在研究中不仅继承了传播学派文化圈的思想，也注意结合历史发展和功能的观点进行考察，是民族学界的"历史学派"[4]。

　　21 世纪初，关于陶云逵的研究越来越多，聂蒲生评述了抗战期间陶云逵在云南的田野调查和陶云逵对开化边民问题的研究[5]。南开大学校史研究室编的《联大岁月与边疆人文》下篇专门介绍了边疆人文研究室，发表了若干与边疆人文研究室相关的文件、回忆文章、信函和期刊等重要的资料，其中有大量陶云逵的手稿、信函等[6]。梁吉生根据南开大学所藏的西南联大资料对陶云逵在云南期间的学术历程进行了评述，还总结了陶云逵的著作目录，公开了不少跟陶云逵相关的重要资料[7]。王昊在《边疆人文六十年》一文中对陶云逵也略有提及[8]。杨绍军通过对"魁阁"和边疆人文研究室作对比研究，总结了陶云逵主持的边疆人文研究室的特点和学术地位[9]，他还列举了陶云逵在西南联大时期的部分民族调查成果[10]。2012 年李东晔女士整理出版了《陶云逵民族研究文集》，辛勤收集了陶云逵大部分作品，把陶云逵的学术生涯分为三个阶段[11]。刘薇根据陶云逵在西南联大边疆人文研究室期间所发表的调查报告和研究文章，初步分析了陶云逵在云南民族调查中的民俗理念并介绍了其部分民俗研究成果[12]。杨清媚分别以陶云逵和陶云逵对占卜的研究为个案，探讨了中国人类学中的德国因素和巫术、文字与文明之间的关系[13]，她编的《车里摆夷之生命环：陶云逵历史人类学文选》一书选取了陶云逵比较有代表性的作品《车里摆夷之生命环》，还收录了陶云逵与边疆人文研究室同人和史语所同人的来往信件[14]。

　　以上研究为重新"发现"陶云逵做了很多有益的工作，不过研究的重点大多集中在边疆人文研究室工作期间，几乎很少提及陶云逵在 1934~1936 年对滇缅边界未定界地区的民族调查，且研究主要从民族学、人类学和校史等角度出发，从民俗学视角分析陶云逵成果的文章很少，也没有注意到陶云逵在 1934~1936 年对滇缅未定界地区的民族民俗文化的调查资料，对陶云逵民俗文化的研究成果没有系统的总结。南开大学博物馆馆藏的西南联大时期的民族调查资料中有大量陶云逵在云南所做的民族调查资料，主要有调查手稿、图绘、未刊稿等，这些调查资料大多与云南少数民族民俗文化相关，本文在前人研究的基础上，结合南开大学博物馆馆藏的西南联大民族调查资料，概述陶云逵对云南少数民族民俗文化的调查与研究，并探讨陶云逵对民俗文化调查与研究的特点及民俗学意义。

　　陶云逵归国后，作为第三代社会学学者，被视为"少壮派"，同为少壮派的李树青曾说："这群人假如还有任何特点的话，那便是他们大胆的怀疑与勇敢创造的精神。"[15]正是基于这种精神，他们对于当时社会学空泛之论辩多于翔实之叙述的现状极为不满，提倡实地调查并做扎实研究，以实现自己的学术梦想。陶云逵对云南少数民族的实地调查可分为两个阶段：一、他在南京中央研究院历史语言研究所任职后，和凌纯声、赵至诚等对滇缅边界未定界地区的民族考察；二、陶云逵主持的边疆人文研究室对石佛铁路沿线的少数民族的调查。这两次对云南少数民族的实地考察，陶云逵都很重视对民俗文化的调查与研究，并在赵至诚、周汝成及边疆人文研究室成员的协助下，取得了丰硕的成果。

一、陶云逵对滇缅边界未定界地区民俗文化的调查与研究

1934 年 10 月，中央研究院历史语言研究所研究员凌纯声、编辑员陶云逵、技术员赵至诚等赴云南进行滇缅边界未定界地区民族调查。凌纯声、勇士衡为一路，主要在南至河口、麻栗坡、蒙自、金河，西至大理、腾冲、泸水，北至鹤江、丽江、维西等地区调查，任务是考察边疆民族生活状况及社会情形；陶云逵、赵至诚为另一路，调查区域为东南至麻栗坡、河口，南至普洱、澜沧，西至腾越、泸水，北至兰坪、丽江、维西，任务是考察边疆人种及语言，调查对象包括摆夷（傣族）、摩些（纳西族）、保罗（拉祜族）、傈僳、阿卡（哈尼族）、扑拉（彝族支系）、茶山（景颇族）、崩龙（德昂族）、佧佤（佤族）等，调查注意采用当时已有的先进仪器设备和手段进行田野调查，以更全面地搜集资料。两组调查者都携带一些进口设备，凌纯声等携带有电影摄影机、照相机、测高仪等；陶云逵等则准备了人体、面部和头部测量尺及眼色表、皮色表、发色表、照相机、录音机等[16]。这是陶云逵在云南的第一次田野工作，历时近两年，为他后期的学术生涯打下坚实的基础。

在这次调查的过程中，陶云逵的学术研究发生了重要的转移——从体质到文化，尽管这次调查的初衷是"人种"，但他在调查的过程中却关注了大量"人种"以外的文化事项[17]。《纳西文化研究大事记》中有这样一条记载："1934~1936，周汝诚受陶云逵之聘为民俗采访员，对纳西地区进行系统考察。"[18] 可见陶云逵在这次调查中对民族民俗文化非常重视，他聘专人对当地的民俗进行了调查，关于这一点，周汝诚在《永宁见闻录》自序中也有描述："1935 年夏，余随国民党政府中央民族考察团，往滇西北各县和设治局考察少数民族。团内工作，分为测量人体组和访问民俗组。余为访问民俗组织采访员。"[19] 陶云逵派周汝诚到西康、木里、永宁做了大量的民俗调查，并为周汝诚核定《永宁见闻录》这本经典的民俗志书稿。在陶云逵调查摩些族占卜习俗的过程中，周汝诚也提供了许多帮助，陶云逵在《麽（摩）些羊骨卜和肥卜》一文中也有提及，"幸得有丽江周汝诚君的帮助，他不但会说麽些话，认识许多麽些字，而且是对民俗、历史，以及平时不为人注意的许多小事物感到极大兴趣的一个人"[20]。实际上，陶云逵在这次调查中负责体质人类学和民俗调查部分[21]。

陶云逵此次的调查成果非常丰硕，基于这一时期的田野工作所发表的调查报告，主要是关于摩些、倮倮、摆夷三个族群的社会历史文化的调查与分析，其中有大量的调查资料与民俗文化相关甚至是民俗学的主要研究对象，主要有以部分个人日记写成的《俅江纪程》，还有《碧罗雪山之栗粟族（今倮倮族）》《车里摆夷之生命环》等民族志和《车里摆夷情书汉译》《一个摆夷神话》、《几个云南藏缅系土族的创世故事》等少数民族历史文献。

《俅江纪程》是陶云逵在 1934~1936 年在云南调查人种时日记的一部分，此日记简单记载了陶云逵在俅子地（毒龙河流域）的所见所闻，如陶云逵所述："我把这段日记写出来，也许有点实际用处，就是给预备到那个区域的人，一个图纹上的参考。"[22]《俅江纪程》中也有零星的关于俅子占卜、民间故事、传说、文身等民俗文化的记载，"二十一日陶云逵在所且与村中之年老者谈俅子社会情形及风俗习惯，闻有一八十五岁老人，住某村，为族中专为青年人讲故事传说，因年老，不便来，乃遣人预告，吾不日往其住处访问。"[23]十三日午后，陶云逵在茂顶检查完测量记录后，"乃决定再居两日，访问社会情形，风俗、传说"[24]。足见陶云逵对于民间故事和传说这一类民俗文化的兴趣。除此之外，陶云逵在茂顶请俅子巫师作祭鬼法事，购置了祭祀用物，对俅子女性的文面习俗亦描述，根据独龙江上下游各地妇女文面形式的不同，分为"文面部落"和"文颌部落"，可以看到独龙江沿岸各地文面的花纹图案有明显的差别，上游一、二村的独龙族妇女满脸刺纹（图一），而下游三四村妇女则部分刺纹（图二）。

《碧罗雪山之栗粟族》是一本典型的民族志。其中有大量关于倮倮民俗文化的记录，主要包括衣食住行、男女社交、嫁娶、生育及命名、丧葬、宗教信仰艺术、传说、艺术等物质方面、社会文化方面、精神文化方面的习俗[25]。《碧罗雪山之栗粟族》对倮倮族风俗做了较为详细的记

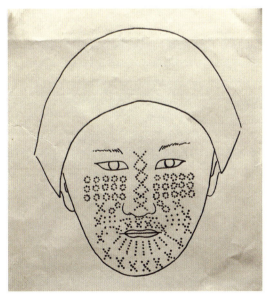 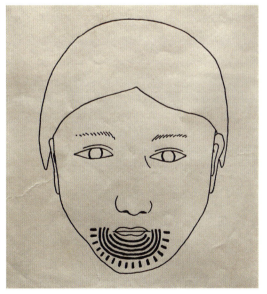

图一　独龙族妇女"文面"图　　　　　图二　独龙族妇女"文颌"图

录，比如在嫁娶一节中提到："以下各点是所调查的栗粟的共有的风俗。栗粟也有所谓的回门。回门多在嫁后半月，回门时新娘自男家背酒一坛，肉一方到娘家。新郎不一定去，但设如新郎同去，则需另备一份酒肉带去。"[26]陶云逵在此次调查期间还拍摄了傈僳族的房屋、服饰、跳舞（图三）等照片，为傈僳族的民俗研究保留了十分珍贵的资料。《车里摆夷之生命环》也是一本相对全面的民族志。就如陶云逵在自序中所述："主要叙述车里摆夷自生至死，一生中生活的各个方面，即所'生命环'。以生命环为经，以生活各方面为环……本文将所看到的听到的（而认为是可靠的）事实，叙述出来，既不做社会学诠释，也不做历史学考证。所以把本文付印，仅为保存一个摆夷生活的忠实记录。"[27]此文详细记录了未婚男女社交、订婚与结婚仪式、建筑新房及乔迁、饮食与衣饰、生产与禁忌、公共生活与娱乐、丧葬等生活习俗，此文还详细描述了车里摆夷的文身习俗，并绘有若干文身图稿（图四），是后人研究摆夷文身习俗的重要参考资料。陶云逵在此文中记录了傣族地区"泼水节"庆祝仪式，使我们有幸略览"泼水节"的传统礼俗。除此之外，陶云逵在此文中对于当地民俗实物铜鼓、服饰亦详细的描述，这也说明其对民俗实物的重视。

《几个云南藏缅系土族的创世故事》、《车里摆夷情书汉译》和《一个摆夷神话》是陶云逵在此次调查中搜集和整理的有关民俗文化的少数民族文献。神话研究是民俗学研究的重要领域，"神话研究，自从中国现代民俗学开展以来也成为了一种热门"[28]。陶云逵非常重视神话传说故事的搜集，指出"他们的神话是活在他们的生活之中，从神话，我们不难窥见其人群之信仰，道德和规定社会行为准则"[29]。《几个云南藏缅系土族的创世故事》主要记的是云南藏缅语系的麽些、栗粟、俅子、阿卡等关于人类，鬼怪，虫鱼、米谷、烟酒等来源的十六个故事[30]，是他在民国二十五年滇边调查时搜集的当地人的口述资料。陶云逵在《车里摆夷情书汉译》汉译了两份摆夷情书，并对摆夷男女表达爱意的方式和情书内容作了简单的评述，这与民俗学领域的民间口头文学的研究极为相似。《一个摆夷神话》叙述了在车里摆夷中很流行的一个恋爱故事，是由江城整董土司少君召映品君口述[31]。这三篇调查资料充分体现了陶云逵对民间神话、传说、

图三　碧罗雪山傈僳跳舞照片

图四　车里摆夷文身之麒麟

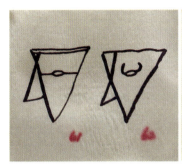

图五　依次为摩些族羊骨卜之上类炙象图、羊肩胛骨卜书摩些原文稿图、摩些族羊骨卜炙象图

故事等有关民族民俗文化口述资料的重视，也是他搜集整理少数民族文献最好的证明。

　　《麽些族之羊骨卜及毗卜》是陶云逵根据 1935 年夏季在丽江等地的实地调查及参考占卜经典的结果之一部 [32]。全文翻译了 3 本东巴占卜经典，开国内外翻译和研究东巴占卜经典之先河，陶云逵通过对巫师使用羊骨卜、毗卜的观察和对东巴占卜经典的搜集整理，详细地研究和考证了摩些族的占卜习俗。他的这部分调查手稿现藏于南开大学博物馆（图五）。

二、陶云逵对石佛铁路沿线民俗文化的调查与研究

　　20 世纪 40 年代初，云南地方政府计划修筑一条由石屏通往佛海的省内铁路。1942 年 4 月，云南省建设厅龚仲钧厅长致函张伯苓，委请南开大学担任调查筑路沿线的社会经济、民情风俗、语言及地理环境等相关资料的工作。在缪云台、黄钰生、冯文潜的帮助和筹划下，南开大学成立了边疆人文研究室，一方面为石佛铁路的修筑做一些有益的工作，另一方面也为西南联大学者进行少数民族研究提供了契机。研究室聘请陶云逵担任研究室主任，主持全面业务工作，先后加入研究室的成员有黎国彬、黎宗瓛、邢公畹、高华年、袁家骅、赖才澄等人。研究室一成立，陶云逵就率领调查队伍从昆明出发，经玉溪、峨山、新平、元江、金平，沿红河而下，对石佛铁路沿线的哈尼族、彝族、文山苗族、傣族、纳苏等少数民族的民俗、社会结构、经济、宗教、地理环境等展开调查。经过 10 个多月的综合考察，此次调查取得了丰富的调查成果，除了大量的学术类调查成果以外，还为石佛铁路的建设提供了有重要参考价值的调查研究报告，如《铁路沿线民族语言分布》《沿线区域的社会经济调查报告》《沿线山川地貌和地质状况的考察》《铁路员工应用民族语言和民族风俗禁忌的手册》等。

　　此次调查中，民俗研究成为边疆人文研究室关注的重点，"研究室从制定计划到进入田野工作，都以关注民众的日常生活习俗为切入点，进而深入地了解民族文化"[33]。陶云逵主持的边疆人文研究室在调查过程中对石佛铁路沿线的民俗文化十分关注，按《南开大学文学院边疆人

文研究室三十一年度与石佛铁路合作调查该路线社会经济工作概况》的调查范围与地点的规定："分期分段调查该路沿线的各区域的物产贸易、社会习俗、与方言。"[34] 陶云逵编写的《南开大学文学院边疆人文研究室三十二年度石佛铁路沿线社会经济调查大纲》中的街子研究、摆夷语言与文字之研究、摆夷宗教与手工艺之研究等章节中的调查大纲包含了社交、娱乐、占卜、巫术、故事、歌谣、传说等民俗与织锦、陶器、金银雕镂钻品等民俗实物的调查内容[35]。陶云逵任主编的边疆人文研究室刊物《边疆人文》共计发表论文 33 篇，其中 25 篇是对民俗文化的研究[36]，足见陶云逵主持的边疆人文研究室对民俗文化研究的重视。

此次调查实行分工制，邢公畹在《抗战时期的南开大学边疆人文研究室——兼忆关心边疆人文的几位师友》一文中提到："关于社会、经济、民俗、地理方面由陶云逵先生与黎国彬、黎宗巘负责；语言方面由我和高华年担负"[37]。民俗调查是陶云逵在这次调查中的重要部分，据《南开大学文学院边疆人文研究室调查计划表》可知："1942 年，7 月至 9 月，陶云逵和黎宗巘在云南新平杨武坝调查了纳苏的宗教、巫术以及杨武街汉夷互市情况，撰写了《大寨黑夷之宗教与巫术》、《杨武街子研究》等调查报告。"[38] 在此期间，陶云逵主要调查了鲁魁山俫罗的社会组织与宗教，还收集了大量的神话、故事、占卜等民俗资料。1942 年陶云逵致冯文潜的信函中提到："弟个人作鲁魁山俫罗之社会组织与宗教。除本论外，附占卜四十则，神话和故事十九则。全文约五万字。"[39] 陶云逵所著的《大寨黑夷之宗教与巫术》为未刊稿，其手稿和信中提到的部分占卜、神话、故事资料现藏于南开大学博物馆，待进一步整理。从《南开大学文学院边疆人文研究室工作概况》[40] 中可知，1942 年 7 月至 10 月，陶云逵所著《鲁魁山纳苏社会组织与宗教》这一调查报告在印刷和整理之中，但在至今出版的成果中，仍未查到此文。故可推测现在已见的在《边疆人文》发表的调查报告只是这次调查所著报告的一小部分，有的调查资料或已埋没无闻，有的调查资料还待后人进一步整理。

西南联大时期，陶云逵不仅带领边疆人文研究室诸学者开展业务工作，同时还开展了其他方面的学术研究。他写出了《大寨黑夷之宗教与图腾制》和《云南部族之鸡骨卜》等与民俗文化相关的文章，这两篇文章是 1942 年边疆人文研究室成立后的调查研究成果，均发表在《边疆人文》上。《大寨黑夷之宗教与图腾制度》是陶云逵根据 1942 年夏的实地调查所著。他对黑夷的通婚习俗、宗族祭祀习俗和风俗禁忌都有比较详细的描述，通过对黑夷宗谱和族祭的存留来探讨其社会制度的状况，认为"族祭与宗谱是这个宗族团体最后的根据地，若并此而无之，则这个宗族团体势必完全瓦解，有如今大部分汉语社会然"[41]。论文的下半部分，陶云逵对大寨黑夷取动植物为姓的习俗进行描述，并结合神话故事指出黑夷诸宗族对于姓物守有若干禁忌。陶云逵对当地图腾制的调查采用了详细的统计，结合文献资料说明这一地区族群中的图腾制的存在以及族群成员与图腾之间的关系。陶云逵首次提出黑夷族称与图腾制相关联，这一观点为后世民俗学者研究图腾制度提供了宝贵的资料。《云南部族之鸡骨卜》一文是陶云逵研究西南少数民族文化的代表作，通过对新平县鲁魁山纳苏部族、新平县赵米克塞纳苏部族、澜沧县酒房寨阿卡部族等的鸡骨卜进行比较研究，并结合以往文献关于鸡骨卜之记载指出"鸡股骨卜分布于粤、桂、湘、川、滇，其最北之分布止于川南，亦即我国西南"[42]。还对鸡骨卜这一风俗的分布和传播做了详尽的研究，指出鸡骨卜属于非汉语民族的文化产品，汉语社会中引用鸡骨卜则自非汉语部族传入。他把文献记载、当代学者的实地调查和自己的田野调查结合在一起，试图揭示鸡骨卜这种习俗的历史发展和地理分布。这一研究在方法上有很大的突破，罗常培评论《西南部族之鸡骨卜》时说："综合堪究，胜义殊多"[43]，正是对此文的中肯评价。

抗战时期，各方学者入滇后，他们便结合云南实际，根据云南多民族的特点，将研究的重心转移到少数民族问题上，开辟了许多新的学术领域，许多学者的研究方向也有所转变，陶云逵就是其中的典型代表。陶云逵早期研究主要是以体质人类学为主，但他对少数民族文化有着极大的兴趣，在 1934~1936 对滇缅边界未定界地区民族考察时，本来他的任务主要是调查人种和语言，但在这次调查中陶云逵还关注了"人种"以外的文化事项，学术兴趣开始由体质人类学转向社会文化。抗战时期他来到云南，这种转变更加明显，从已发表的成果来看，陶云逵更多的是在关注云南少数民族民俗文化。潘光旦先生在为费孝通《鸡足朝山记》所作的序中曾提到："云逵有似从前所称轺轩使者，到处采风问俗。……云逵在西南边疆游迹最广，是一个'曾经沧海，除却巫山'的人，加以当时恰好是旧历年关，他认为看民家过年，比自己在洱海有趣的多。"[44] 对于陶云逵在研究兴趣上的转变，瞿同祖在《悼云逵》一文中也说得很明白，"三年来我和云逵讨论的机会很多，相知很深，所以我对于学问上的转变看得很清楚。多年来很少提到体质人类学的问题，反之，对于文化人类学和社会人类学则日感兴趣，研究方面也转入新的途径，最近他的三篇文章：一篇是关于端午节的，另一篇是大寨黑夷的家族与图腾及黑夷的鸡骨卜。从题材上看他的治学转变趋向于社会文化方面，并且着重礼俗及巫术宗教方面"[45]。吴定良在致罗常培函中写道："去年九月，陶云逵来信云'弟虽学过体质人类学，奈因兴趣改变，今后恐不能致力此道，前集材料，兄如需要当奉赠'。"[46] 从以上资料来看，陶云逵在边疆人文研究室期间基本上放弃了对体质人类学的研究，更多地关注云南当地少数民族民俗文化的研究，而前文分析的他对民俗文化的调查和研究成果也能证明这一点。

三、陶云逵对民俗文化调查与研究的特点

（一）实地调查与历史文献相结合，重视对比研究

陶云逵在德国求学归国之后，进入中央研究院历史语言研究所工作，成为中国人类学研究领域中的德国学派的代表，当时中国社会学尚处发轫阶段，空泛之辩多于翔实之叙述，陶云逵不满此种现状，决心以中国境内各种社区类型为对象，用实地调查方法来阐明本国的社会实际。他深

入云南，调查中国边疆社会，搜求第一手资料，深入调查，翔实的资料是其一以贯之的严谨治学之风格[47]。陶云逵在注重实地调查的同时，还具有很强的历史文献功底，注重实地调查与历史文献相结合的研究方法。20世纪前半期，中国民族学形成了若干早期民族学学派，王建民在其专著《中国民族学史》中，将其大致分为"功能学派"、"文化学派"和"历史学派"，陶云逵是历史学派的代表人物，"这个学派不仅仅是以'历史的方法'对各民族的具体材料进行描述与整理，而且注重引用和研究中国历史文献资料，强调运用民族学的各种理论解释中国材料，解决中华文化的难题"[48]。陶云逵对边疆社会的研究，注重把文献记载与少数民族的具体社会事象比照进行研究，进而提出自己的见解。《西南部族之鸡骨卜》中陶云逵专门梳理和分析了以往文献关于鸡骨卜之记载，并结合自己的实地调查资料和他人的田野调查资料，试图应用文化历史的观点研究西南各民族鸡骨卜习俗的渊源、分布及传播。陶云逵在调查报告和文章中经常梳理和引用历史文献，在南开大学博物馆馆藏的陶云逵调查资料里还能看到他当时做的文献摘录卡片（图六）。陶云逵在滇缅边界未定界地区民族考察过程中搜集了摆夷和摩些的文献资料共16本[49]，他在《云南摆夷族在历史上及现代与政府之关系》一文中也提到："此种原文史记，我曾搜集到：车里宣慰司，孟连、耿马两宣抚使司，猛哲土千总，猛茫土把总各一部，共五部，……叙述除世系，政治事件外尚有始年节、社祭、婚丧、承袭仪式，礼节之描写。"[50]陶云逵不仅重视查阅、引用历史文献，还特意搜集了大量少数民族的口述文献，如《一个摆夷神话》《几个云南藏缅系土族的创世故事》《车里摆夷情书汉译》等，是研究当地民俗文化的重要资料。

　　在对民俗文化的研究方法上，陶云逵非常重视对不同区域之间、不同社区之间甚至是国内国外之间的比较研究，如果没有对比材料，陶云逵就既不做历史学考证，也不做社会学阐释，正如他自己在文中提到的，"由于缺乏比较材料，所以这些文献仅限于记录整理，聊当时一种研究资料"[51]，他在其代表作《西南部族之鸡骨卜》一文中，通过对云南、四川等地的几种鸡骨卜材料

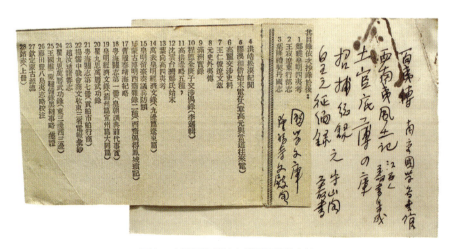

图六　少数民族相关文献目录剪贴卡片

的对比研究，探讨了鸡骨卜这一占卜习俗的渊源与传布，其中他还用到了赵至诚在 1937 年 3 月在四川栗波昭觉两县调查的鸡骨卜资料。1934~1936 年，赵至诚曾和陶云逵一起在滇缅未定界地区做过考察，1936 年底，李济筹组了中央博物馆"川康民族调查团"，赵至诚作为技术员任职中央博物院，后一直在川康地区从事民族调查与标本搜集工作。赵至诚与陶云逵交往甚密，常有书信往来，赵至诚给陶云逵寄了很多四川少数民族民俗文化的资料，如鸡股骨图绘（图七）、彝族服饰花纹图绘、民俗文物图绘等[52]，陶云逵经常运用这些资料同自己在云南搜集的民俗文化资料作对比研究。总的来说，深入的调查，翔实的资料，重视对比研究的方法，并结合历史文献和少数民族口述文献的考证，是陶云逵研究民俗文化的显著特点。

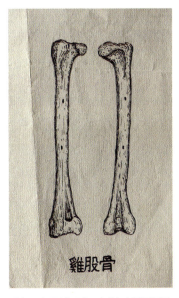

图七　赵至诚采自四川的鸡股骨图绘

（二）紧密结合现实，注重实践

抗战时期，国内形势巨变，特殊的地理位置使得云南的民族问题更加复杂起来，云南的边疆问题突出，在这种政治局势下，中国的民族学家、人类学家、民俗学家等诸多学者开始关注云南边疆文化，注重对现实问题的研究，为政府治理和开发边疆地区的决策提供学术支撑。当时许多民族学家、民俗学家参与政府组织的边疆民族调查、全国风俗简易调查及少数民族地区边胞服务站的工作，"设置边政研究机构，敦请专家，搜集资料，研究计划边疆建设问题，以贡献政府参考，并以提倡边疆建设之兴趣"[53]，成为当时国民政府的重要政策。陶云逵对云南边疆的民俗文化考察与国家政治是密不可分的。滇缅边界未定界问题，涉及中国和缅甸复杂的政治、经济情况及复杂的边界问题，陶云逵在 1934~1936 年对滇缅边界未定界地区的民族考察，紧密结合当时的政治局势，在调查人种语言的同时，还注重对当地民风民俗的观察，取得了丰富的调查成果，为国民政府制定边疆政策提供了学术依据。陶云逵在此次调查中对祖国的边疆问题极为关注，他详细研究了云南摆夷族在历史上及现代与政府的关系，并结合实地调查认为在日本南进，侵袭暹罗之后，暹罗假借"民族一体"蛊惑我国的傣语同胞，摆夷同胞中难免有不肖之辈受其愚弄，边疆形势严峻，他指出："是我国政府所应该深加注意而密切防范，时为当务之急。为百事计，求我全国族之永久团结，似宜积极设计导此边胞社会，使其生活设备文物制度和我国其他区域一样趋于现代化，以其地势之利，人事之优，好好建设则退足以固守边防，进足以拓疆土。西南边疆前途之进退胜败，摆夷区域实为关键，国人幸注意之。"[54] 正如王建民在《民族学与国家：以滇缅边界未定界民族学考察为例》的发言所讲的："此次学术研究相关成果所提供的科学例证和当地土司及民众捍卫疆土的决心与努力最终汇合起来，成为国民政府国家间政治博弈的有力支撑力量。"[55]

陶云逵主持的"边疆人文研究室"的调查活动从"习民情、查风土、采标本、了解少数民族生活状态，进而了解中国现状"的目的出发，紧密结合现实，注重实践，对石佛铁路沿线的民族语言、社会经济、民风民俗做了全面的考察，为石佛铁路的建设提供了有重要参考价值的调查报告，值得一提的是，他们通过对石佛铁路沿线语言和民族风俗习惯的调查，撰写了《铁路员工应用民族语言和民族风俗禁忌的手册》，为石佛铁路建设提供了非常实用的调查资料。陶云逵在对云南边疆文化的研究中没有把少数民族作为猎取的对象，而是着眼于边疆建设和民族团结，希望边疆社会能够更快地发展，他在《民国三十二年边疆人文计划书》中强调对少数民族文化的研究在于引导少数民族的生活设备文物制度的汉化，促使其趋向"现代化"[56]。陶云逵是边政学的倡导者和实践者，边政学提出，民族学不再被看作纯理论的学问，把民族学理论与实践更紧密地结合起来[57]。抗战时期，他还担任中华基督教总会成立的云南边疆设计服务委员会副主席，致力于边疆服务。陶云逵对民俗文化的调查和研究紧密结合现实，注重实践，为开发边疆，提高边疆人民文化、改进边疆人民生活作出了积极的贡献。陶云逵对现实的关注和研究，其价值远远超出了学术本身，他的调查报告和文章中对祖国和现实的关注，正是当时中国知识分子爱国主义情怀的体现。

（三）注重少数民族民俗文物的收集

"民俗文物，是一个国家或一个民族中广大民众和所创造、享用和传承的民间生活文化中的物质文化遗存和精神文化的物化遗存。"[58]民俗文物的搜集和研究是民俗学的重要组成部分，同一个民族可以有风格迥异的多种民俗文物，分布区域较小，风俗习惯单一的民族，其民俗文物与民族文物是相通的[59]。陶云逵对云南少数民族考察期间，注重对少数民族民俗实物的搜集，这在《俅江纪程》中多有体现。二十七日，新蕊，"午后巫师来，请其作法，并询其传授方法、法术种类及其他问题，摄影。购其法鼓和铃"[60]。十三日，茂顶，"今日请俅子巫师作祭鬼等法事，盖前日到此之后，即已觅请，祭祀用物由吾出资购置"[61]。此外，《俅江纪程》中还有多处陶云逵购买民俗实物标本的记录。沈从文在《关于西南漆器及其他自传——一点幻想的发展》一文中提到："时同住乡下陶云逵兄，曾为中研院人类学研究，在车里、佛海、丽江、中甸一带作过人类学考察两年，并收集过民俗学器物至数千件。谈及这类漆器时，才知道奁具式还有金银二种，花纹多唐代风，分藏式和缅式。雕刻分捶打、线雕与浮刻数种。接近康藏多藏式，车里佛海多暹缅式。至于髹漆糌粑盒，藏式多用木旋成，不用竹编，纹案不甚讲究，讲究的多在镶嵌。与藏式其他镶银器近，惟风格不尽相同。这点说明引起我新的探索兴趣。"[62]从沈从文的描述可以看出，陶云逵在滇缅未定界作人类学考察时，搜集了数千件民俗学器物，给沈从文详细描述了这些民俗学器物的风格和工艺，对沈从文的漆器研究有很大的启发。

1942年，陶云逵主持的边疆人文研究室对石佛铁路沿线的社会经济、彝族社会组织及宗教、手工艺术等展开调查，他在《南开大学文学院边疆人文研究室三十二年度石佛铁路沿线社会经济大纲》中提到的手工艺术包括织锦、金银器雕镂钻品、陶器、漆器、竹器。他写道："本年度在上列各项中择两三项名贵者研究之，研究其形态、色泽、花纹、意义、原料来源、制造之技术、传授之方式、产量价值、推销。"[63] 在调查的过程中，陶云逵收集了许多民俗文物，如陶云逵在 1942 年 8 月在鲁奎山收集了三弦月琴、胡琴等乐器，1943 年 1 月在大理收集了"民家"渔网等物[64]。陶云逵对乐器类的民俗实物颇感兴趣，尤其是铜鼓，还写了跟铜鼓相关的文章，陶云逵在《读陈志良铜鼓研究之发凡》一文中通过对铜鼓的分布、铜鼓的花纹及铜鼓上的图腾物等方面的分析，详细评述了陈志良的《铜鼓研究》一文，对文中的若干观点提出了质疑，谈到了自己对铜鼓研究的见解[65]。高华年在《念云逵先生》提到："先生没有生病的时候，我们计划着今年暑假到苗族的大本营贵州去工作，先生要研究铜鼓，我要研究苗语。"[66] 可见陶云逵去世之前有去四川苗族研究铜鼓的计划，倘若这个计划能付诸实施，也许陶云逵能在铜鼓的研究上取得更大的成果。陶云逵在《国立边疆人文博物院计划书》中认为保存边疆文物备供学者研究是博物院的宗旨之一，并对婚丧嫁娶、社祭、年节、跳舞、音乐等相关民俗事象的民俗文物做了展览规划[67]。陶云逵对民俗文物的重视程度与大部分民俗学者有所不同，民俗学的田野调查长期以来不大关注民俗文物，只采集具体的民俗事象[68]，从这一点上来讲，注重对民俗文物的搜集和研究是陶云逵研究民俗文化的显著特点。

四、陶云逵调查与研究的民俗学意义

云南地处边陲，少数民族众多，民间风俗各异，国人对此知之甚少。抗战之前，外界对于云南少数民族民俗文化的认识多停留于历史典籍的记载和西方传教士的著述，不甚客观，有很多失真之处。陶云逵和诸位民族学家、民俗学家对云南少数民族民俗文化调查与研究，是中国民俗学发展史上的重要阶段，为后世的民俗学研究提供了丰富的原始资料，他们利用人类学、民族学、社会学的理论方法研究云南少数民族民俗文化，注重实地调查，推动民俗学研究由传统走向现代。

陶云逵深入云南，足迹遍全滇，搜求了大量有关少数民族民俗文化的第一手资料，如焚夷历法考、丽江民间故事、摆夷神话及传说、车里摆夷文身图样、摩些羊肩胛骨卜、民族革命先进者阿知立轶事等，至今都是研究云南边疆社会和少数民族民俗文化的极为珍贵的资料。他准备对这些资料深入地加以研究，但是劳累和贫病过早地夺走了他的生命。这批民俗资料放在现在来看大都是精品，应该引起民俗学者的重视，陶立璠就认为："现代人搜集的资料，只要不是研究者本人调查所得，也是第二手资料。根据历史文献资料和他人的调查资料也可以进行民俗学研究。因为任何一个研究者不可能对所有民族英雄，所有地区的民俗事象都做调查，借用他人的调查资料，是允许的。"[67] 随着时代的变迁，云南少数民族社会现代化的发展，许多民俗文化的表现形式发生变化或已消失不见，陶云逵搜集的大量的云南少数民族的民俗资料，为民俗学者研究云南少数民族民俗文化提供了丰富的原始资料，为保存云南少数民族民俗文化的"活化石"做出了贡献。

云南是民族文化的宝库，抗战时期学者来到云南之后，被丰富多彩的当地少数民族的文化所吸引，纷纷把研究方向同民族文化相联系，民俗是民族文化研究的重要组成部分，因此在田野调查中特别关注民俗的调查与研究[70]。这一时期对民俗文化的研究具有多学科交叉的特点，民俗学与人类学、社会学、民族学有深厚的学术渊源，"中国民俗学运动的发端，仅仅是歌谣的采集与研究，到20年代末及整个30年代，逐渐与民族学、社会学、人类学建立了密切的联系，在方法论上吸取了这些学科的方法"[71]。陶云逵作为一名人类学家、民族学家，他在调查研究云南少数民族民俗文化过程中运用田野调查、历史考证，并结合他人在不同地域的调查的研究方法，继承了20世纪初期中国传统的民俗学搜集民俗资料的方法，并结合他在西方所学的先进的理论方法，对云南少数民族的民俗文化开展了具有现代意义的实地调查活动，和当时的人类学家、民族学家、民俗学家一起，为民俗学研究由传统走向现代做出了贡献。

陶云逵作为一名人类学家和社会学家，他对民俗文化的调查与研究的动机要从主观和客观两方面分析，从主观上看，陶云逵聘请周汝诚为民俗采访员，在民族调查过程中非常关注民俗文化，并收集大量民俗实物，在极端困难的岁月里，他深入云南少数民族聚居地区，衣其服，甘其食，听传说于乡老，问民俗于土酋，说明他本人对民俗文化很有兴趣，对民俗文化有很大的学术热情；从客观上来看，当时中国的人类学尤其是文化人类学和社会人类学的研究范围和对象与民俗学有很大的重合，而民俗文化是民族文化的重要组成部分，陶云逵在研究民族文化的时候不可避免地关注到了民俗文化，并用人类学、社会学的理论方法去研究民俗文化。边疆人文研究室成立后，陶云逵在研究少数民族文化的同时，还致力于边政学和抽象文化等领域的研究，对民俗的调查与研究缺乏系统性，和同时期的民俗学者一样，缺乏对民俗学进行自觉地理论和方法上的梳理，也没有正式提出民俗学学科的建设理念。

1944年，陶云逵在大理调查时染病，加上生活的贫困和因爱子去世而导致的精神的苦闷，使他过早逝世。陶云逵的英年早逝，是中国民族学、人类学、民俗学界的重大损失。曾昭抡在悼念陶云逵的文章中提到："云逵去世，所患并非不救之症。假令经济宽裕，早日救诊良医，康复绝无问题……故云逵之死，不死于病，而死于贫困。此等学者，死去不须一秒钟，再生一位，欲要几十年。"[72]可见当时学术界给了他很高的评价。"在这一幕幕的安居之下出现了社会学家陶云逵，他走出了艰难的避难所，走向云之边疆，在崇山峻岭深处的云南边疆民族居住地，探索着人类的足迹，倾心研究着民俗风物，并为此创办了边疆人文研究室和《边疆人文》杂志。"[73]这是海男在《穿越西南联大挽歌》中对陶云逵在云南所作所为的描述。陶云逵作为外地学者献身边疆，在极端困苦的环境中坚守自己的学术理想，为培养边疆人才、开发边疆做出了贡献，他的这种坚毅执着的学术精神值得我们敬重和学习。

注释

[1] 广东日报：《中山大学人类学会成立纪实》，载广东日报"民族学刊"专栏，第34期，1949年。

[2] 章立明、马雪峰、苏敏：《社会文化人类学的中国化与学科化》，第252页，知识产权出版社，2014年。

[3] 陈永龄、王晓义：《二十世纪前期的中国民族学》，《民族学研究第一辑——首届全国民族学学术讨论会论文集》，第276~278页，民族出版社，1980年。

[4] 王建民：《中国民族学史》，云南教育出版社，1997年。

[5] 聂蒲生：《抗战时期在昆民族学家对云南省民族的调查与研究》，《思茅师范高等专科学校学报》2003年第1期；聂蒲生：《抗战时期陶云逵教授对开化边民问题的综合研究》，《黑龙江民族丛刊》2013年第3期；聂蒲生、朱朝健：《抗战时期陶云逵在云南的民族调查评述》，《民族论坛》2013年第5期。

[6] 南开大学校史研究室编：《联大岁月与边疆人文》，南开大学出版社，2004年。

[7] 梁吉生：《陶云逵献身边疆人文研究的一生》，载南开大学校史研究室编《联大岁月与边疆人文》，南开大学出版社，2004年。

[8] 王昊：《边疆人文六十年》，《书屋》2004年第11期。

[9] 杨绍军：《"魁阁"和"边疆人文研究室"之比较研究》，《贵州民族研究》2011年第1期。

[10] 杨绍军：《抗战时期西南联大的民族学人类学研究及其意义》，《贵州民族研究》2009年第4期。

[11] 李东晔：《陶云逵民族研究文集》，民族出版社，2012年。

[12] 刘薇：《陶云逵在云南民族调查中的民俗理念》，《楚雄师范学院学报》2012年第12期。刘薇：《论西南联大的民俗研究》，《文山学院学报》2014年第4期。

[13] 杨清媚：《文化、历史中的"民族精神"陶云逵与中国人类学的德国因素》，《社会》2013年第2期；杨清媚：《巫术、文字与文明——以陶云逵在西南地区的占卜研究为起点》，《西南民族大学学报》2016年第12期。

[14] 杨清媚：《车里摆夷之生命环：陶云逵历史人类学文选》，生活·读书·新知三联出版社，2017年。

[15] 《边政公论》第三卷第九期《纪念陶云逵先生专号》，民国三十三年（1944年）。

[16] 参见中央研究院：《中央研究院至外交部公函》，载《中央研究院档案》，第393~396页。

[17] 陶云逵：《陶云逵民族研究文集》，第6页，民族出版社，2012年。

[18] 甘雪春：《走向世界的纳西文化—20世纪纳西文化研究评述》，第137页，民族出版社，2016年。

[19] 周汝诚著，郭大烈整理：《永宁见闻录》，《中国少数民族社会历史调查资料丛刊》修订编辑委员会：《纳西族社会历史调查》，第137页，民族出版社，2009年。

[20] 陶云逵：《麽些羊骨卜和肥卜》，《边疆人文》第一卷第一册，1943年。

[21] 王铭铭：《人类学讲义稿》，第501页，世界图书出版公司，2011年。

[22] 陶云逵：《俅江纪程》，《西南边疆》1941年第12期，第55页。

[23] 陶云逵：《俅江纪程》，《西南边疆》1941年第14期。

[24] 陶云逵：《俅江纪程》，《西南边疆》1941年第14期。

[25] 陶云逵：《碧罗雪山之栗粟族》，《中央研究院历史语言研究所集刊》第十七本（册），1938年。

[26] 陶云逵：《碧罗雪山之栗粟族》，《中央研究院历史语言研究所集刊》第十七本（册），1938年。

[27] 徐益棠、陶云逵：《车里摆夷生命环》序，第2~3页，载金陵大学中国文化研究所所编印《边疆研究论丛》（1945~1948），第2期。

[28] 张紫晨：《中国民俗与民俗学》，第822页，浙江人民出版社，1985年。

[29] 陶云逵：《几个云南藏缅语系土族的创世故事》，载金陵大学中国文化研究所所编印《边疆研究考丛》（1942~1944）。

[30] 陶云逵：《几个云南藏缅语系土族的创世故事》，载金陵大学中国文化研究所《边疆研究考丛》（1942~1944）。

[31] 陶云逵：《一个摆夷神话》，《中国青年》第七卷第一期，1942年。

[32] 陶云逵：《麼些族之羊骨卜及杷卜》，《边疆人文》第一卷第一册，1943年。

[33] 刘薇：《论西南联大的民俗研究》，《文山学院学报》2014年第4期。

[34] 陶云逵：《南开大学文学院边疆人文研究室三十一年度与石佛铁路合作调查该路线社会经济工作概况》，南开大学博物馆馆藏资料。

[35] 陶云逵：《南开大学文学院边疆人文研究室三十二年度石佛铁路沿线社会经济调查大纲》，南开大学博物馆馆藏资料。

[36] 刘薇：《陶云逵在云南民族调查中的民俗理念》，《楚雄师范学院学报》2012年第12期。

[37] 邢公畹：《抗战时期的南开大学边疆人文研究室——兼忆关心边疆人文的几位师友》，载南开大学校史研究室编《联大岁月与边疆人文》，第362页，南开大学出版社，2004年。

[38] 摘自《边疆人文》第4卷合刊，1947年12月，载南开大学校史研究室编《联大岁月与边疆人文》，第347页，南开大学出版社，2004年。

[39] 南开大学校史研究室编：《联大岁月与边疆人文》，第491页，南开大学出版社，2004年。

[40] 南开大学校史研究室编：《联大岁月与边疆人文》，第346页，南开大学出版社，2004年。

[41] 陶云逵：《大寨黑夷之宗族与图腾制》，《边疆人文》第一卷第一期，1943年。

[42] 陶云逵：《西南部族之鸡骨卜》，《边疆人文》第一卷第二期，1943年。

[43] 罗常培：《论藏缅族父子的连名制》，《边疆人文》第一卷第三、四期，1944年。

[44] 潘光旦：《潘光旦选集（第四卷）》，第478~479页，光明日报出版社，1999年。

[45] 瞿同祖：《悼云逵》，《边政公论》第三卷第九期，1944年。

[46] 南开大学校史研究室编：《联大岁月与边疆人文》，第499页，南开大学出版社，2004年。

[47] 施琳：《当代中国著名民族学家百人小传》，第59页，中央民族大学出版社，2006年。

[48] 王建民：《中国民族学史》，第153页，云南教育出版社，第1991年。

[49] 见陶云逵"滇缅边界未定界地区民族调查资料统计表"，南开大学博物馆馆藏资料。

[50] 陶云逵：《云南摆夷在历史上及现代与政府之关系》，《边政公论》第一卷第九、第十期，1941年。

[51] 陶云逵：《几个云南藏缅语系土族的创世故事》，载金陵大学中国文化研究所编印《边疆研究考丛》（1942~1944）。

[52] 南开大学博物馆馆藏资料。

[53] 国民党五届八中全会主席团：《关于加强国内各民族及宗族间之融洽团结以达成抗战胜利建国成功目的之施政纲要》，载《边政公论》第一卷第一期，1941年。

[54] 陶云逵：《云南摆夷族在历史上及现代与政府之关系》，载《边政公论》第一卷第九、第十册，1941年。

[55] 王铭铭、和少英、刘江：《云南与中国民族学、人类学学术研讨会纪要》，载王铭铭主编《中国人类学评论·第七辑》，第227页，世界图书出版公司，2008年。

[56] 陶云逵：《民国三十二年边疆人文计划书》，南开大学博物馆馆藏资料。

[57] 王建民：《中国民族学史（上卷）》，第268页，云南教育出版社，1997年。

[58] 徐兰乙：《中国民俗文物概论》，第4页，上海文化出版社，2008年。

[59] 高占祥主编：《文化管理手册》，第196页，吉林人民出版社，1991年。

[60] 陶云逵：《俅江纪程》，《西南边疆》1941年第14期。

[61] 陶云逵：《俅江纪程》，《西南边疆》1941年第14期。

[62] 沈从文：《关于西南漆器及其他自传———一点幻想的发展》，载《沈从文全集27集外文存（修订本）》，

第34页，北岳文艺出版社，2009年。

[63] 陶云逵：《南开大学文学院边疆人文研究室三十二年度石佛铁路沿线社会经济大纲》，南开大学博物馆馆藏资料。

[64] 梁吉生：《陶云逵献身边疆人文研究的一生》，载南开大学校史研究室编《联大岁月与边疆人文》，第384页，南开大学出版社，2004年。

[65] 应为陶云逵的未刊稿，南开大学博物馆馆藏资料。

[66] 高华年：《念云逵先生》，载《云南日报》民国三十三年（1944年）二月十六日，南开大学博物馆资料。

[67] 陶云逵：《国立边疆人文博物院计划书》，南开大学博物馆馆藏资料。

[68] 乌丙安：《中国民俗文物学的创新与开拓——评〈中国民俗文物概论〉》，《民俗研究》2008年第1期。

[69] 陶立璠：《民俗学概念》，中央民族学院出版社，1987年。

[70] 刘薇：《论西南联大的民俗学研究》，《文山学院学报》2014年第4期。

[71] 刘锡诚：《二十世纪中国民间文学学术史》，第79页，河南大学出版社，2006年。

[72] 曾昭抡：《悼云逵》，载《云南日报》民国三十三年（1944年）二月十六日，南开大学博物馆馆藏资料。

[73] 海男：《穿越西南联大挽歌》，第121页，云南人民出版社，2015年。

中国早期民族博物馆理念的政治性取向
——从陶云逵的民族博物馆思想谈起

南开大学博物馆　刘阳

摘要：民国时期，中国虽未能建立起严格意义上的民族博物馆，但民族博物馆的相关理念却已破茧而出，并根据立馆宗旨的不同，形成了学术性取向和政治性取向两种不同的类型。其中，前者伴随着民族学的发展，已然成为当代民族博物馆发展史叙事中的绝对主流，后者则因为种种原因，为人们所忽视。陶云逵遗稿《国立边疆人文博物院计划书》的发现，为我们重新审视中国早期民族博物馆理念提供了新的可能。以此为契机，本文进一步将河南民族博物院和国立边地文化博物馆等未能充分落地的民族博物馆规划纳入考察视野，发现民族博物馆常被视为构建现代民族国家的重要手段，其政治作用已引起了当时人们的充分重视，人们曾以此为中心展开了种种的设想与实践。

关键词：陶云逵　民族博物馆　博物馆理念

一、陶云逵的民族博物馆思想

陶云逵是 20 世纪中国民族学、人类学史上一位重要的学者，曾任西南联大时期南开大学边疆人文研究室主任。他于 20 世纪 30 年代至 40 年代在云南进行了近 10 年的民族学、人类学田野调查，搜集、整理了极为丰富和宝贵的民族志资料。1944 年 1 月，年仅 41 岁的陶云逵因病去世，留下众多待整理的资料和文稿。其中，一份名为《国立边疆人文博物院计划书》[1]（后称《计划书》，内容附文后）的遗稿，为我们揭示出了一项颇为恢弘且细致的民族博物馆之计划，这份计划书为我们研究陶云逵的博物馆思想乃至中国早期的民族博物馆理念 [2] 提供了一个很好的切入点。

从名称来看，"国立边疆人文博物院"之命名与陶云逵主持的南开大学"边疆人文研究室"一脉相承，而区别于教育部所筹备的国立边地文化博物馆 [3]，以"边疆"替"边地"，以"人文"代"文化"，应有其深意。陶云逵在边政学研究中指出，所谓的边疆，不是地理意义上的边地，也不是政治意义上的边界，而是"文化的边疆"，即"在西北西南诸边省中，有若干与中原文化不同的社会。"[4] 至于以"人文"代"文化",则是对博物馆专门性的进一步强调。与人文相对应的是自然,民国时期的博物馆,特别是名字中含有"边疆"的博物馆,例如法国传教士桑志华在天津创办的北疆博物院[5]、北平地质调查所筹建的"边疆博物馆"[6],多以自然科学标本为其馆藏之大宗,甚至教育部筹备的"国立边地文化博物馆"亦"办理调查边地人文自然各种事物"[7]。总之,分析其名称可知,"国立边疆人文博物院"是以"边疆社会"之概念为理论基础、以少数民族文化为主题的国家级民族博物馆。

它不仅名称独树一帜,其整体架构亦非常值得注意。博物院拟设总院于首都,边疆分为四区,择各区之中心的兰州、成都、昆明、桂林设四个分馆,形成"一院四馆"的运行模式。这种模式既能突出核心,又可辐射全国,不难让人联想到中国自古以来"莅中国而抚四夷"的政治理想。其实,《计划书》中已明确指出其宗旨有三,一曰:"沟通中边文化,使人民对边疆文化有正确之认识";二曰:"保持边疆文物";三曰:"备供学者研究"。第一个宗旨不仅位居三者之首,而且长达 20 个字,是其根本宗旨之所在,它的核心内容是"沟通中边文化"[8]。至于"沟通中边文化"的重要性,须在陶云逵的边政学思想中才能看得真切。他认为边政的目的在于"保卫边民加强团结,推进复兴大业",达到目的的方法是必得有统一的文化,但"所谓文化的统一化并不是说主观地以固有的中原文化标准而把其他的同化,也不是说取某一个边社文化为标准而把中原文化与其他边社文化同化起来",而是"把边社的文化也跟中原人群的文化一起'近代化'起来"[9]。因此,他呼吁"开化边民使与近代中原文化融为一体,以应付现局,实为刻不容缓之事"[10]。那么,"沟通中边文化"自然也被视为形成全国统一之文化的重要手段,根本目的乃是为了"求全国真正的团结,全国各地各人群真正打成一片。"可见,无论是独树一帜的命名,抑或是"一院四馆"的运行模式,都是在其边政学思想的指导下,围绕"沟通中边文化"开展的。

除了鲜明的立馆宗旨外,《计划书》在陈列思想和对外业务等方面亦有让人印象深刻之处。在陈列方面,《计划书》紧扣陈列主题,强调透物见人,"以述得各个边民社群之整个生活图像为陈列原则";同时注重运用多样化的陈列手段表现主题,除实物标本外,有"模型、图画、相片、影片、音片,以表达其生活之形、色、声各个方面。"在对外业务方面,设"售品组",以"售卖模仿品、相片,并接洽图案设计。"售卖模仿品、相册,在民国博物馆中可能并不罕见,但对外开展图案设计业务,不得不说这种思维非常超前。陶云逵在进行民族学调查过程中,对少数民族服饰、纹饰等图案颇为关注,曾搜集了大量相关的照片和图绘,盘活这些传统文化资源可能是他提出对外开展图案设计业务的初衷。

陶云逵设想的国立边疆人文博物院,以其边政学思想为理论基础,以沟通中边文化为立馆宗旨,翼图通过促进中国文化之统一,最终实现"保卫边民加强团结,推进复兴大业"之目的。因此,整个博物馆从名称、到运行模式,乃至陈列手法,均围绕此种政治目的展开,是典型的政治性取向的民族博物馆。

二、中国早期民族博物馆的政治性取向

1. 学术性与政治性——民族博物馆的两种基本理念

民国时期，最早具备民族博物馆思想的学者当是蔡元培。1921年，蔡元培在演讲中首倡建立民族学[11]博物馆："有人类学博物院，陈列各民族日用器物，衣服，装饰品以及宫室的模型，风俗的照片，可以做文野的比较。"[12]1929年，蔡元培作为中研院社会科学研究所民族学组主任，在工作报告中再次提议建立民族学博物馆："标本之采集为民族学组重要工作之一。因标本不但可供组内职员之研究，将来搜集既多，便可成立民族学博物馆，以供外界人士之参观，而为社会教育之一助也。"[13]为此，他还进一步阐述了建立民族学博物馆之意义，即"不特为文化史上留一蜕化之痕迹，而且使观者引以与未开化民族及文明民族志标本相比较，而以促进其改进之兴机"[14]。其中"为文化史上留一蜕化之痕迹"指出了民族博物馆在民族学学科发展中的作用，而"以促进其改进之兴机"则强调民族博物馆对改进民族思想意识之意义。

对于蔡元培所言的两种作用，吴泽霖使用"民族博物馆"和"民族学博物馆"两个概念作了更明确的阐述，他提出"民族博物馆主要是为政治服务的，而民族学博物馆主要是为科学服务的"[15]。正因为民族博物馆在政治和学术两方面都能发挥重要的作用，民国时期才产生了两种不同取向的民族博物馆理念。如果强调民族博物馆在民族学研究与国民教育中的地位与作用，突出博物馆的学术属性，即学术性取向的民族博物馆理念；如果重视民族博物馆在构建现代民族国家过程中的作用，突出博物馆的政治属性，即政治性取向的民族博物馆理念。

在民国时期，中国并未建立起来严格意义上的民族博物馆，但两种取向的民族博物馆理念却已得到初步发展，认识远远领先于实践是早期民族博物馆思想的一大特点，可谓是"先声夺人"。就二者的影响而言，由民族学实践所催生的学术取向的民族博物馆理念，伴随着民族学的发展而不断发展，已然成为民族博物馆发展史叙事中的绝对主流[16]。而政治性取向的民族博物馆理念，不仅缺乏有效的实践，而且作为其理论基础的边政学亦趋于消亡，使得其常为当代学界所忽视。欲纠此之偏，除对前文所述的国立边疆人文博物院进行考察外，对其他的典型案例，如中途夭折的河南民族博物院和教育部筹建的国立边地文化博物馆，亦应详细考察之，以对中国早期政治性取向的民族博物馆建立更全面、更深入的认识。

2. 五族共和——河南民族博物院

1927年，冯玉祥主政河南，在治豫政纲中提出了"教育为立国根本要政"的主张，极力扶持文化教育事业。当年七月，河南省政府决定成立河南博物馆筹备委员会[17]。1928年5月，河南博物馆改名为"河南民族博物院"，从而成为中国第一家以"民族"为主题的博物馆。与此同时，其直接管理机构由教育厅转为省政府直辖[18]，显示其定位超越了单纯的国民教育，进而成为意识

形态宣传的重要阵地。

　　河南民族博物院的政治取向，在其立馆宗旨中已得到充分的体现。1929 年，河南民族博物院在工作报告中如此介绍自己的诞生："民族博物院这个名词，是去年下半年在河南方才发现。国民革命军到了河南一年以后。孙总理的三民主义，已为一般民众所接受；应运而生的河南民族博物院，总算得上一个骄子了。"[19] 此处明确指出，河南民族博物院是应孙中山的三民主义而生的。在河南省政府发布的藏品征集告令中更明确地指出："民族为建国之本，文化为教育之基，敝省政府为发扬民族主义，提倡文化起见，特在开封设立河南民族博物院一所。"[20] 据此可知，居三民主义之首的"民族主义"乃其立馆宗旨之所在。关于民族主义的内涵，孙中山在《三民主义》一文写道："汉族当牺牲其血统、历史与夫自尊自大之名称，而与满、蒙、回、藏之人民相见于诚，合为一炉而冶之，以成一中华民族之新主义。"[21] 这就是"五族共和"，是三民主义中民族主义的核心内容。因此，河南民族博物院所谓发扬民族主义，即是弘扬"五族共和"之思想，此为其立馆宗旨，是完全服务于"三民主义"的。

　　河南民族博物院的藏品征集与陈列工作，也是在"五族共和"的宗旨下推进的。河南省政府在藏品征集告令中，对少数民族文物的搜集尤为重视，特别强调："尤望南中各省将苗族、瑶族之一切物事，特别搜罗寄下，藉广见闻，无任盼祈。"[22] 虽然省政府不遗余力地征集少数民族藏品，但对仅有四个月筹备期的河南民族博物院来说是来不及的，"只得照民族两个字上去尽量发挥。塑制了形形色色的许多男女人像"。到 1929 年下半年，各地征购的如"撮民衣帽""番民衣服""西藏贝香""藏经"等少数民族陈列品陆续到馆，河南民族博物院又对陈列做了改良。将"苗族部改作阅览室及招待室，将苗族模型减少，并入中华民族生活部"，强调了中华民族之一统；"取消古都模型，改陈袁世凯各遗物和撮苗满各民族衣物"，扩充了少数民族相关的陈列 [23]。此外，河南民族博物院还聘专家绘 170 余幅人类进化故事挂画，分为"有史以前""现在的民族""社会的进化"三部分，不仅突出了进化论思想，也将各民族放在平等的位置上进行介绍，是对汉民族中心主义思想的有力突破。在观众服务方面，特聘用男女招待员多人，专司引导参观责任；并能答参人的疑问，纠正民众的不良习惯 [24]。

　　但是，随着冯玉祥不再主政河南，河南民族博物院于 1930 年 12 月再次更名为河南博物馆，隶属单位亦变为省教育厅 [25]，标志着河南博物馆转向了新的发展方向，其在民族博物馆领域的实践就此戛然而止。河南博物馆发展方向的改变，有着其必然性。河南历来是汉族文化的核心区域，少数民族文物严重匮乏，河南民族博物院作为地方性博物馆，在藏品征集过程中缺乏国家层面的行政权力及财政支持，使得其民族性藏品无论是在质或量上都难称上乘，甚至在开馆第一年，只得以少数民族人物模型来弥补藏品之不足，以至被时人戏称之为新城隍庙。但无论如何，作为中国第一家以"民族"为主题的博物馆，河南民族博物院一开始就引起了民众的兴趣，"每日参观人数，多则数万，少亦数千"，第一年累计参观人数达 75 万人以上。第二年，由于人物模型减少，使得看热闹的人少了，但随着陈列质量的提高，每日参观者亦达数百人，且观众"多带有不少鉴赏的兴味"[26]。更重要的是，河南民族博物院以"五族共和"为立馆宗旨，征集并展览少数民族藏品，陈列中突出进化论和民族平等思想，重视观众导引与服务，是中国早期政治性取向的民族博物馆思想所仅有的一次实践，具有重要的开创性意义。

3. 开发边疆——国立边地文化博物馆

目前所见有关国立边地文化博物馆之史料，仅有如下一条："教育部为提高边地教育文化，并谋便利研究边地问题之参考观摩起见，计划设置国立边地文化博物馆，办理调查边地人文自然各种事物，搜集边地一切文物提供有关边地文化政治经济国防及其他精神物质建设之参考资料，并举行边地人士联谊集会，及其他文化沟通事项，现已组设筹备委员会，并聘请胡焕庸等二十四人为委员、进行筹备工作云。"[27]

从名称上来看，"国立"二字表明其是国家层面的博物馆，"边地文化"则指出博物馆的收藏和展览应以边疆少数民族为主题，按照现在的标准，这是一个国家级的民族博物馆。报道以"教育部为提高边地教育文化"开篇，可知该博物馆是由教育部筹办的，其首要目的是为"提高边地教育"。这句话似乎是在突出博物馆的教育功能和学术性取向，但若放在当时抗战的大背景下，结论可能并非如此。早在1938年，著名学者庄泽宣就倡议："为着保持及扩张我中华民族在海外与边疆的势力，建树我族新生命起见，华侨与边疆教育必须大大地加以改善。"[28] 此后，南京国民政府确定的推进边疆教育的总方针是："边疆教育应以融合大中华民族各部分之文化，并促其发展，为一定之方针。"[29] "彻底培养国族意识，以求全国文化之统一"[30]。可见，边地教育应以政治为中心，应成为构建现代民族国家的重要手段，这已是当时官方与学界的共识。在这种情况下，教育部筹办的国立边地文化博物馆，不太可能没有政治目的。

这种政治目的，报道中其实已得到了充分的体现。除了"谋便利研究边地问题之参考观摩起见"这样直接的说明，分析该博物馆的工作内容亦可明了其目的之所在。据报道，该博物馆的工作主要有两部分，一者是通过边地调查来搜集政治、经济、文化、国防相关的资料，二者是通过联谊等活动来加强与边地的文化沟通。前者可为开发边疆提供必要的基础信息，后者则是进一步团结少数民族上层人士的重要手段，可知，该博物馆的工作确实围绕着政治展开的。

如果说以上认识均是基于对报道本身的分析，那么对筹备委员会首席委员胡焕庸的博物馆理念进行考察，更可明白其筹建边疆博物馆的真正用意。在筹备委员会成立的5年前，即1937年，胡焕庸就发表了《开发边疆与设立边疆博物馆之关系》一文，建议在首都设立边疆博物馆，"广收各种有关边疆之文献实物，以为研究中心，同时，公开展览，充实一般人对于边疆之认识。"如此这般的原因在于，"此与国家政治外交文化经济诸端，均有重大关系，一切开发边疆，充实国力之大业，均将以此为发轫点，其功用固远在一般普通博物馆之上"[31]。胡焕庸强调的是在开发边疆过程中，边疆博物馆的作用远在一般普通博物馆之上，说明他对民族博物馆在政治上的作用已有明确的认识，通读全文，更可明白其提议成立边疆博物馆的目的就是为开发边疆。

　　虽然资料有限，但我们依然可以得到以下结论，即国立边地文化博物馆是教育部在抗战的大背景下，为开发边疆、落实民族政策而筹备的，是我国最早规划建设的国家级民族博物馆。相比于河南民族博物院，它虽然未能得以实践，但其规划与设计却是建立在对民族博物馆的作用有着更加系统而深刻的认识之上的，力图让民族博物馆在国家的政治、经济、国防等领域发挥更大的作用，这些认识置于今天依然可谓真知灼见。

三、结语

　　通过对国立边疆人文博物院、河南民族博物院、国立边地文化博物馆进行考察，不难发现政治性取向的民族博物馆理念在民国已经得到相当程度的发展，民族博物馆被期望能够在构建现代民族国家的过程中发挥更大的作用，具有明确的政治性取向。这是我国早期民族博物馆思想的重要传统，也是留给我们当代人的宝贵财富。在我国民族博物馆事业蓬勃发展的当代，尤其是首座国家级的民族博物馆——中国民族博物馆亦在筹备之时，重新发现这种传统，以之为可参照的坐标，去伪存真，披沙拣金，既能为我们当代民族博物馆实践提供宝贵的灵感与借鉴，也可为相关政策的制定提供参考。

注释

[1] 后文中将其简称为《计划书》。

[2] 本文"中国早期的民族博物馆思想"所谓的"早期",是指1911年至1949年期间,即中华民国时期。

[3] 《教育部筹设边地文化博物馆》,《图书月刊》1941年第1卷第5期,第43页。

[4] 陶云逵:《边疆与边疆社会》,《云南日报》1944年2月16日第二版。

[5] 房建昌:《天津北疆博物院考实》,《中国科技史料》2003年第1期。

[6] 《北平地质调查所拟创设边疆博物馆》,《中国博物馆协会会报》1937年第2卷第4期,第15页。

[7] 《教育部筹设边地文化博物馆》,《图书月刊》1941年第1卷第5期,第43页。

[8] 此处所谓"沟通中边",是指中央与边疆之沟通,是中国境内不同文化之间的沟通。

[9] 陶云逵:《论边政人员专门训练之必须》,《边政公论》1943年第二卷,第三、第四册。

[10] 陶云逵:《开化边民问题》,《西南边疆》1940年第10期。

[11] 民国各路学人认为民族学与人类学只是同一门学问的不同叫法,因此本文所谓民族学亦同于人类学。相关论述参见王建民为《中国人类学史》一书所作之序。胡鸿保:《中国人类学史》,第3页,中国人民大学出版社,2006年。

[12] 蔡元培:《何为文化》,《北京大学日刊》1921年2月1日。

[13] 国立中央研究院社会科学研究所:《国立中央研究院社会科学研究所十八年度报告》,《国立中央研究院十八年度总报告》1929年第2期,第299页。

[14] 国立中央研究院社会科学研究所:《国立中央研究院社会科学研究所十八年度报告》,《国立中央研究院十八年度总报告》1929年第2期,第317页。

[15] 吴泽霖:《民族博物馆与民族学博物馆的区分》,《中国博物馆》1986年第1期。

[16] 木基元:《论西南民族文物调查研究与民族博物馆的兴起》,《学术探索》2001年第1期;秦晋庭:《20世纪中国民族博物馆的兴建与发展》,《中国博物馆》2004年第1期;雍继荣:《中国大陆民族博物馆事业的历史发展》,《中国博物馆》2006年第2期;温士贤,彭文斌:《传译民族文化与平等——吴泽霖先生的民族博物馆思想》,《民族学刊》2011年第3期;雷虹霁,潘守永:《民族地区博物馆发展的历史与现状评述》,《东南文化》2012年第4期;赖雪芳:《杨成志的博物馆思想与实践》,《中国博物馆》2014年第4期。

[17] 河南省文化厅文化志编辑室:《河南省文化志资料选编(第16辑)》第35页,河南省文化厅印刷厂印刷,1990年。

[18] 河南省文化厅文化志编辑室:《河南省文化志资料选编(第16辑)》第40页,河南省文化厅印刷厂印刷,1990年。

[19] 河南博物院:《十八年的河南民族博物院》,《河南教育》1929年第2卷第10期,第91页。

[20] 江苏省政府:《河南民族博物馆征集材料》,《江苏省政府公告》1928年第37期,第64页。

[21] 孙中山:《孙中山全集(第5卷)》第187~188页,中华书局,1985年。

[22] 江苏省政府:《河南民族博物馆征集材料》,《江苏省政府公告》1928年第37期,第64页。

[23] 河南博物院:《十八年的河南民族博物院》,《河南教育》1929年第2卷第10期,第91~93页。

[24] 河南博物院:《十八年的河南民族博物院》,《河南教育》1929年第2卷第10期,第93页。

[25] 河南省文化厅文化志编辑室:《河南省文化志资料选编(第16辑)》,第47页,河南省文化厅印刷厂印刷,1991年。

[26] 河南民族博物院:《十九年的河南民族博物院》,《河南教育月刊》1931年第1卷第4期,第210~211页。

[27] 《教育部筹设边地文化博物馆》，《图书月刊》1941年第1卷第5期，第43页。

[28] 庄泽宣：《利埘抗战时机推进华侨与边疆教育》，《教育通讯》1938年第1卷第28期。

[29] 《推进边疆教育方案》（1939年4月，民国第三次全国教育会议决议案），载宋恩荣、章成主编《中华民国教育法规选编（1912~1949）》，第625页，江苏教育出版社，1990年。

[30] 《边地青年教育及人事行政实施纲领》（1941年11月），载教育部教育年鉴编纂委员会编《第二次中国教育年鉴》，商务印书馆，1948年。

[31] 胡焕庸：《开发边疆与设立边疆博物馆之关系》，《边疆》1937年第2卷第5期，第4~5页。

国立边疆人文博物院计划书

陶云逵

一、名称及地点：

定名为国立边疆人文博物院。总院设于首都，暂设总办事处于陪都。边疆暂分四区。计：宁夏、新疆、甘肃、青海为第一区；四川、西康、西藏为第二区；贵州、云南为第三区；广东（包括海南岛）、广西为第四区。每区设第 X 区边疆人文博物馆一所，直隶总院。第一区馆址，兰州；第二区馆址，成都；第三区馆址，昆明；第四区馆址，桂林。

二、宗旨：

（一）沟通中边文化，使人民对边疆文化有正确之认识。
（二）保存边疆文物。
（三）备供学者研究。

三、陈列物品：（见下）

四、组织：

博物院设院长一人，总干事一人，下设秘书、会计、庶务三处。每处设主任一人，助理员一人至二人。设采集、保管、陈列、技术、售品五组，每组组长一人，助理员三人至五人。各区博物馆设馆长一人，秘书、会计、庶务各一人。设采集、保管、陈列、技术、售品五组，每组组长一人，助理员一人至三人。总院及区馆长、职员概由院长聘任。另组评议会，以本院院长及各区馆长为当为评议员。另聘博物院及人类学专家为聘任评议员。

附（一）：

目前暂设总院筹备处于陪都，于各区酌看情形成立筹备分处。

附（二）：

院馆下设五组之职责：
一、采集组：采集标本，包括实物、相片、绘画、影片、音片。
二、保管组：保管采集组所采集，技术组所制造之各项器物。
三、陈列组：主管标本之陈列，并陈列室内一切设备。
四、技术组：工作分为四类：模型、相片洗印、模仿制作、图案设计。
五、售品组：售卖模仿品、相片，并接洽图案设计。

附（三）：

陈列细则，以第三区馆为例：

一、原则：

以述得各个边民社群之整个生活图像为陈列原则（但遇特别需要，得以器物之性质为标本，将不同人群之同样性质之器物，另辟专室陈列）。X（为）纺织具室、猎具室等。

二、分类与单位：

云贵两省之边民可分为三大部门。甲、藏缅族系；乙、懵吉篾族系；丙、傣族系。陈列时，亦依此分为三部门。部门（Department）之内，分为组（section），亦即最小单位。如罗罗、倮倮、窝尼；如苗、瑶；如摆人、沙人、仲家。

三、陈列物品：

凡一部族中之个人及团体，男女两性，自幼至老，在物质、社会及精神等方面的活动及产品之可以用形、色、声表现者，并其产品之制造方法，均在陈列之列。为观其对外来文化之反应，除其本族文化特征产品外，在其族生活中已使用着的外族产品亦一并陈列之。

四、为述整个生活图像，除实物标本外，需有模型、图画、相片、影片、声片，以表达其生活之形、色、声各方面。

五、举例：

部门：藏缅族系。

组：傈僳（按，傈僳部族中又分三支，为黑、白、花傈僳。每支虽有其特色，但文化产品大部则相同。总单位为傈僳，而于其支部之特产上，遇为要时，加以诠释）。

甲：简单之文字说明：（一）现代分布区域（附图）。（二）自然环境——气候、出产。（三）社会环境——族史、政治状况、部族文化简描。（四）人种生物——体制特征、人口（包括健康、生死诸统计）。

乙：标本。

（一）住

一、滇西北、澜沧江、怒江上游流域，碧罗雪山、高黎贡山一带之傈僳分布中心区域。（地图及 XX 模型）

二、选择中心区之一般，为高黎贡山之党八、黑洼底、四美久等傈僳村落，以示村落之低高、区位与散布状况。（模型）

三、村落近景：山岩、树木、泉涧、房舍、仓廪、人物、牲畜。（模型）

四、居室：房屋并室内陈设及人物、牲畜。（模型房舍以原来建筑材料，如木、石、竹为之）

（二）衣

一、傈僳人盛装。中年男女各（一？空），男举儿童各一。（人高模型、衣饰原标本）

二、猎装男子一。（皮盔甲、弩弓、箭袋、箭筒、箭、箭药、刀、木号筒）（人高模型、标本，说明）

三、衣服制造：麻之种植、制麻线法、工具、织布机、布样。（标本、相片、说明）棉布。（汉商品，标本）

四、饰物之制造：冶银、铜、铅、锡法，工具。镂纹法、工具。

（除"衣"一套首饰外，另备一副，以便观察）银或铜手镯、耳环，木镯、木环、木戒指。（标本、说明）

五、刀及矛之制造，冶铜铁法，工具。（标本、相片、说明）

六、弩弓及箭之制造：材料、方法、工具。（标本、相片、说明）

（三）食

一、农业方法。（相片、说明）

二、农具：木铇、木耙、刀、竹裹腿、木臼、木杵。（标本、说明）农具制造。材料、方法、工具。（标本、照片、说明）

三、谷类：荞、苞谷、高粱、麦、豆类。菜类：萝葡、白菜、洋芋。（标本、相片、说明）

四、仓廪及储藏法。（相片、说明、模型见"住"三X）

五、烹调及食具：火塘、三脚架（汉商品）、锣锅（汉商品）、木碗、傈僳筷、陶瓷、火镰（汉商品）、水槽、柱水桶、盐块（汉、藏商品）、刀。工作方法。（标本、相片、说明）

六、畜牧：羊。（标本、说明）

七、打猎（相片、说明）方法、工具（相片、标本、说明）

八、猎品会食、方法、仪式。（相片、说明）

九、酒及其制造。原料、工具、酒壶、酒杯。（标本、相片、说明）

十、叶烟及其制造。叶烟种植法、工具。叶烟之焙制法、工具。叶旱烟袋及其制作法、工具。（标本、相片、说明）

十一、茶、糖。（汉商品）（标本）

（四）行

一、溜索、溜板、溜带。材料、制造法、工具。（标本、相片、说明）用法。（相片、说明）

二、独木船、双独木。材料、制造法、工具。（原料、模型、相片、说明）划法。（相片、说明）

三、桥（汉工），竹搭悬桥。方法。（相片、说明）

四、背筐、肩板、顶带。材料、制法、工具。（标本、相片、说明）背法。（相片、说明）

（五）社会文化

一、婚嫁：衣饰、礼物、仪式。（标本、相片、说明）动作。（影片）

二、丧葬：竹棺、坟墓、祭物、祭祀仪式。（标本、模型、相片、说明）动作。（影片）

三、社祭、年节、礼物。（标本、相片、说明）动作。（影片）

（六）精神生活

一、跳舞。（模型、相片、影片、说明）

二、音乐。乐器：芦笙、笛。（标本、说明）歌曲：（乐谱、声片、说明）

三、宗教：祭物（标本、相片、说明）祭祀或祛禳动作。（影片、说明）咒语、念经。（声片、影片、说明）

四、造型艺术：图画、雕刻。（标本、相片、说明）

（七）语言（声片、说明）